La Impaciencia

ANTÍDOTO CONTRA LA IMPACIENCIA

Salmo 37

C.H.Spurgeon

Editor Eliseo Vila

COLECCIÓN SALMOS

El Tesoro de David

EDITORIAL CLIE
C/ Ferrocarril, 8
08232 VILADECAVALLS
(Barcelona) ESPAÑA
E-mail: clie@clie.es
http://www.clie.es

© 2016 Eliseo Vila Vila para la presente versión ampliada.

Cualquier forma de reproducción, distribución, comunicación pública o transformación de esta obra solo puede ser realizada con la autorización de sus titulares, salvo excepción prevista por la ley. Diríjase a CEDRO (Centro Español de Derechos Reprográficos) si necesita fotocopiar o escanear algún fragmento de esta obra (www.conlicencia.com; 917 021 970 / 932 720 447).

© 2016 Editorial CLIE

COLECCIÓN SALMOS

La Impaciencia
ISBN: 978-84-8267-992-1
Depósito legal: B 17184-2016
Vida Cristiana
Crecimiento espiritual
Referencia: 224952

Impreso en USA / *Printed in USA*

1

Título: *De David.* No hallamos en la cabecera más que esta palabra para certificar la autoría; si era o no un canto de meditación, no se indica. Según se desprende del versículo veinticinco (37:25), fue escrito por David en edad avanzada, y en este sentido resulta especialmente valioso como registro de sus múltiples experiencias.[1]

C. H. SPURGEON

Título: Este salmo puede muy bien titularse *"Elixir reconstituyente para los tiempos malos"*, o también *"Un remedio infalible contra la plaga del descontento"*, o mejor aún *"ANTÍDOTO CONTRA EL VENENO DE LA IMPACIENCIA".*

NATHANAEL HARDY [1613-1670]
sermón predicado en un funeral, 1649

---

[1] TEODORETO DE CIRO [393-458] es de esta misma opinión: «David comprobó extensamente los beneficios de la justicia y longanimidad; a la vez experimentó en carne propia la realidad incuestionable de que a los arrogantes y partidarios de la injusticia les aguarda un final trágico, ajustado a su proceder inicuo. Una conclusión demostrada en sus relaciones con Saúl, con Absalón y muchos otros que obraron de igual manera. Por tanto, exhorta al pueblo a que acepte con resignación las pruebas que tenga que soportar y no juzgue como bendición la prosperidad de los malvados, sino que la considere más bien un motivo de desdicha».

Tema: El gran enigma de la prosperidad de los malos y la aflicción de los justos —que ha dejado perplejos a tantos pensadores a lo largo de todos los tiempos— se analiza en este salmo a la luz del futuro; razón por la cual, sus estrofas descartan de modo expreso la inquietud y las quejas.[2] El Señor acalla con dulzura los lamentos de su pueblo —por desgracia demasiado frecuentes—, y tranquiliza la mente de sus escogidos en todo lo que refiere a su relación y trato personal con él, declarándose conocedor de su precaria situación en este mundo, cual rebaño de ovejas indefensas rodeado de lobos. Contiene ocho grandes preceptos; en dos lugares concretos ilustra las verdades reveladas con afirmaciones autobiográficas; y abunda en peculiares contrastes.

C. H. Spurgeon

Estructura: Un salmo difícil de dividir en secciones dignas de apreciar como tales pues, como sucede con los Proverbios, la mayoría de los versículos forman unidades individuales de reflexión.[3] Forma parte de los

---

[2] José M. Martínez [1924-¿?] en su comentario a los "Salmos Escogidos" indica en este sentido que el Salmo 37 no es sólo *"providentiae speculumm"*, es decir, "espejo de la providencia", como pensaba Tertuliano [160-220], sino también *"potio contra murmur"*, "antídoto contra la murmuración", como señala Isidoro [565-636].

[3] Y de hecho la mayoría de versículos del Salmo 37 encajarían perfectamente en libro de Proverbios. El *Comentario de Mathew Henry* lo estructura del siguiente modo: «En este salmo de exhortación sapiencial David: a). Nos prohíbe impacientarnos ante la prosperidad de los malvados (vv. 1, 7, 8); b). Nos aporta muy buenas razones para ello: 1. El carácter escandaloso de los malvados (vv. 12, 14, 21, 32), a pesar de su prosperidad; y el carácter honorable de los justos (vv. 21, 26, 30, 31); 2. La inminente ruina de los malva-

salmos alfabéticos, aunque de una manera u orden peculiar, dado en este caso son las primeras letras de cada versículo las que siguen el alfabeto hebreo.[4] Es posible que esto, más allá de una técnica poética, fuera una estratagema para ayudar a memorizarlo. Es recomendable que el lector lo lea por entero antes de adentrarse en nuestra exposición y comentario.

C. H. Spurgeon

Versión poética:

Noli aemulari in malignantibus

No imites a los malos, ni tampoco
tengas envidia nunca a los inicuos,
que gozan de riquezas y de honores,
porque les cuesta poco hacer delitos.

---

dos (vv. 2, 9, 10, 20, 35, 36, 38) y la salvación y preservación con que los justos están protegidos de todos los malvados planes de los impíos (vv. 13, 15, 17, 28, 33, 39, 40); 3. La especial misericordia que Dios tiene reservada para todos los buenos y el favor que les dispensa (vv. 11, 16, 18, 19, 22-25, 28, 29, 37); c). Prescribe muy buenos remedios contra el pecado de envidiar la prosperidad de los impíos y anima grandemente a hacer uso de dichos remedios (vv. 3-6, 27, 34)».

[4] José M. Martínez [1924-¿?] dice al respecto en "Salmos Escogidos": «Dividido en estrofas de dos dísticos, cada una de ellas empieza con una de las letras del alfabeto hebreo, siguiéndose sucesivamente el orden de éste, aunque con algunas pequeñas irregularidades. En tres casos la estrofa consta de un trístico en vez de dos dísticos (7, 20, 34) y en tres más consta de cinco líneas (14, 15; 25, 26; 39, 40). Las exigencias de este tipo de estructura pueden ser la causa de una cierta lentitud en el desarrollo de ideas».

LA IMPACIENCIA

Todos se secarán tan prontamente
como el heno que apenas es cogido
cuando esta marchitado: como se ajan
las hierbas, las legumbres y los lirios.

En el Señor coloca tu esperanza,
procede siempre bien, sé sometido,
entonces habitar podrás la tierra,
y de sus bienes gozarás tranquilo.

Pon todas tus delicias en Dios sólo,
en ese Dios tan dulce, y tan benigno,
que te concederá todas las gracias,
que con buen corazón le hayas pedido.

Descúbrele al Señor lo que te falta,
lo que deseas con ardor tan vivo,
y fía en él, pues lo que te conviene
sabrá por su bondad hacerlo él mismo.

Hará que tu justicia resplandezca,
como una luz de refulgente brillo,
y se vea lo justo de tu causa,
como al sol que está en medio de su giro.

Sujeta la inquietud de tus deseos,
serena tu razón, está sumiso,
ponte a sus pies humilde y fervoroso,
y abandónate todo a sus designios.

No envidies, pues, a los que ves dichosos,
cuando los ves marchar por mal camino,
y menos a los hombres sin conciencia,
que con sus injusticias se hacen ricos.

SALMO 37

Lejos de ti los duros movimientos
de cólera y furor, de todo vicio,
y no se vea en todas tus acciones
nada que se parezca a los malignos.

Porque estos duran poco, y serán presto
todos exterminados, destruidos,
y la tierra será la herencia propia
de los que esperan al Señor tranquilos.

Con breve rato basta: de aquí a poco
ya habrá el pecador desaparecido,
procurarás buscar a donde estaba
y ni siquiera encontrarás en sitio.

Mas de la tierra gozarán felices
los que son dulces, blandos y benignos,
disfrutando con júbilo inefable
de la paz, la abundancia y regocijo.

El pecador observará a los justos
con ojos turbios, gesto desabrido,
y de su boca crujirán los dientes,
con el furor, que de su envidia es hijo.

Pero el Señor se burlará de su ira,
porque sabe y reprueba sus motivos,
y porque ve también que ya se acerca
el día grande, día del juicio.

Los malignos sacaron sus espadas,
y sus arcos con cólera han tendido
para abatir al pobre, al indigente,
y a los buenos que ven como enemigos.

LA IMPACIENCIA

Haz que su espada vuelva contra ellos,
que el corazón destroce de ellos mismos,
y que su arco, deshecho y desarmado,
se vea en mil pedazos dividido.

Una riqueza corta y moderada
es más útil al justo contenido,
que esas grandes riquezas, que no pueden
hacer felices ni aún a los impíos.

Porque el Señor les romperá los brazos,
y no podrán gozar de un bien inicuo;
pero a los justos les dará consuelos,
y dulces interiores atractivos.

El Señor que con gusto ve la vida
de los que viven sin baldón ni vicio,
los anima, recobra, fortalece,
y les prepara eternos beneficios.

En los días más tristes y fatales
no serán ciertamente confundidos,
y cuando llegue el hambre destructora,
tendrán socorro, y hallarán abrigo.

Pero perecerán los pecadores,
perecerán sus fieros enemigos,
podrán erguirse un tiempo; pero en breve
al volver de los ojos no son vistos.

Pide prestado el malo, y nunca paga,
o en el pagar a lo menos no es activo,
pero el que es bueno da con franca mano,
es tierno, liberal y hace servicios.

Los que al Señor adoran y bendicen,
de la tierra tendrán todo el dominio;
pero los infelices que lo insultan,
morirán sin recurso y sin alivio.

Los pasos del mortal, cuando es virtuoso,
por el Señor son siempre conducidos,
y lo ayuda, lo auxilia, lo conforta,
cuando ve que es derecho su camino.

Tal vez puede caer, mas se levanta,
y no se hará ni daño ni perjuicio;
Dios le pone la mano por debajo,
para que sea el golpe más remiso.

Yo fui joven, ahora soy anciano,
más en mis largos días nunca he visto,
ni que el justo se viera abandonado,
ni que faltara pan para sus hijos.

Ha pasado los días y las noches
en hacer caridad con celo activo,
en prestar, y en hacer mil buenas obras,
y en su generación será bendito.

Apártate del mal, busca lo justo,
y si sigues constante este principio,
encontrarás en la mansión celeste
un eterno y dichoso domicilio.

Porque el Señor estima las virtudes,
y no abandona a los que le han servido;
los tantos que son fieles, en su seno
hallan dulce mansión, eterno abrigo.

LA IMPACIENCIA

Los injustos serán muy castigados,
perecerá la raza del inicuo;
pero los justos vivirán felices
más allá de los siglos de los siglos.

De la boca del justo sólo salen
de la sabiduría los principios,
y sus labios no dicen sino aquello
que aprueban la razón, y el buen juicio.

La ley de su Señor lleva grabada,
porque en su corazón la escribió él mismo,
por eso marcha con tan firme paso
y no será volcado ni abatido.

El pecador se indigna, considera
tanta paz con semblante muy torcido,
odia al justo, le mira con vergüenza,
y matarle quisiera el atrevido.

Pero Dios no le deja, entre sus manos
le libra de sus iras y artificios,
y cuando llegue el caso de que juzgue,
no habrá más castigado que el impío.

Ten pues paciencia, a tu Señor espera,
espérale confiado, mas sumiso,
y entre tanto un instante no te apartes
de sus vías derechas y caminos.

Que no puede tardar el feliz día
en que te recompense tus servicios
y tú verás también cómo a los malos
llega por fin su mísero exterminio.

*Yo vi, yo he visto con mis propios ojos
tan elevado al malo, y tan altivo,
que pasaba por encima de los cedros,
con que el Líbano llena su recinto.*

*Pero volví a pasar y ya no estaba;
le busqué con ardor, afán perdido,
rastro no pude hallar de su persona,
ni aún del lugar en que lo habían visto.*

*Guarda pues de la inocencia, la modestia;
anda con reflexión, obra con tino,
porque se guardan bienes inmortales,
para el mortal pacífico y tranquilo.*

*Pero sabe también que de Dios solo
descienden de la gracia los auxilios,
y que en el tiempo de las aflicciones
sostiene al justo, y deja a los inicuos.*

*A los primeros amoroso asiste,
los arranca de manos del impío,
y al fin los salva, porque más prudentes
han esperado en él, y le han servido.*

DEL "SALTERIO POÉTICO ESPAÑOL", SIGLO XVIII

2

Salmo completo: Los justos son preservados en Cristo con una protección especial y un cuidado peculiar que les garantiza una seguridad absoluta. El salmo treinta y siete expone este tema por activa y por pasiva: aportando por un lado las pruebas de esa protección y contestando por el otro las posibles objeciones encaminadas cuestionarla. A lo largo de todo salmo se afirma que los justos son objeto de una protección especial, pero de manera más concreta en los versículos 3, 17, 23, 25 y 32. En cuanto a las objeciones a las que responde, son muchas; de modo que mencionaremos únicamente las siguientes:

Objeción 1: Los malvados florecen.

Respuesta: El justo no debe inquietarse por ello y menos aún sentirse agraviado, puesto que *"como hierba serán pronto cortados, y como la hierba verde se secarán"* (37:2).

Objeción 2: Los justos padecen aflicción.

Respuesta: La noche tenebrosa de su adversidad pronto dejará paso a una aurora resplandeciente de luz y prosperidad. Tan seguros como que después de la noche viene indefectiblemente el día, pueden estar también de que pronto serán liberados del peso de las cruces con las que ahora cargan, y recibirán consuelo y esperanza: *"Hará que tu justicia resplandezca como el alba; tu justa causa, como el sol de mediodía"* (37:6, NVI).

Objeción 3: Hay urdidas contra los justos numerosas y complejas maquinaciones. Son perseguidos con saña, y para muchos derribarles y conseguir su desgracia es un tema prioritario.

Respuesta: El Señor ve todos los complots y maquinaciones de los malos, y se ríe de su rencor y absurda malicia. Mientras ellos se afanan maquinando la manera de derribar a los justos y buscando la ocasión contra ellos, el Señor ve que está llegando su hora, el día de su juicio, de su destrucción y miseria eterna; el día en el que *"Su arco será quebrado (...) y su espada entrará en su mismo corazón"* (37:12-15).

Objeción 4: Pero, los justos disponen de muy pocos medios.

Respuesta: *"Mejor es lo poco del justo, que las riquezas de muchos pecadores. Porque los brazos de los impíos serán quebrados; mas el que sostiene a los justos es el Señor"* (37:16-17).

Objeción 5: A los justos les esperan tiempos muy duros.

Respuesta: *"En tiempos difíciles serán prosperados; en épocas de hambre tendrán abundancia"* (37:19).

Objeción 6: Los impíos prosperan, engordan y prevalecen en su propósito de hostigar a los justos.

Respuesta: Ciertamente los impíos prosperan y engordan en demasía, pero su grasa es como la de los carneros, y pronto *"serán consumidos; se disiparán como el humo"* (37:20).

Objeción 7: Pero el justo cae.

Respuesta: Es cierto, pero no cae definitivamente, no cae para siempre; cae, pero *"no queda postrado"* (37:24), porque el Señor sostiene su mano.

Objeción 8: No obstante, vemos que algunos impíos nunca padecen adversidad; al contrario, disfrutan de prosperidad hasta su muerte.

Respuesta: Puede que ellos mismos logren escapar circunstancialmente, pero *"su descendencia será destruida"* (37:28).

Objeción 9: Sí, pero los hay fuertes y orgullosos, y su descendencia continúa prosperando.

Respuesta: Es posible, pero no te olvides que tales *"laureles verdes"* son cortados repentinamente; y de la misma manera, los impíos y sus casas son raídos de la faz de la tierra (37:35-36).

Objeción 10: De todos modos, los justos, siempre tienen que cargar con cruces pesadas, y a menudo con más de una.

Respuesta: De acuerdo, pero acaban disfrutando de un final dichoso (37:37).

Objeción 11: Pero nadie da la cara por el justo cuando es acusado y puesto en entredicho.

Respuesta: Porque *"su salvación está en el Señor, él es quién los ayudará y los librará"* (37:40).

Con todo, es preciso que tengamos en cuenta que para poder ser partícipes de esa liberación que describe el salmo hemos de cumplir una serie de condiciones:

1. No impacientarnos con el obrar de la providencia divina (37:1,2).
2. Confiar en el Señor y hacer el bien (37:3).
3. Deleitarnos en el Señor y no poner nuestra mirada en cosas terrenales (37:4).
4. Encomendar al Señor nuestro camino (37:5).
5. Comportarnos con humildad, equidad y paciencia (37:7-11).
6. Mantener conversaciones limpias y honestas (37:14).
7. Ser misericordiosos (37:25,26).

8. Hablar justicia y tener la Ley de Dios en el corazón (37:30,31).
9. Guardar nuestro camino y esperar en el Señor (37:34).

Nicholas Byfield [1579-1622]
"Exposition of the Creed", 1676

Salmo completo: La construcción literaria de este salmo nos recuerda mucho los concisos refranes y sentencias del Libro de Proverbios. No contiene ninguna oración concreta ni alusión alguna por parte de David referente a sus circunstancias particulares de persecución o aflicción. Se trata más bien de una recopilación de máximas de santidad y sabiduría práctica salidas de labios de la senectud y la experiencia. Cabría imaginar a un anciano en la iglesia o un padre de familia, juntando a los más jóvenes que de él dependen a su alrededor, para que escuchen sus afectuosos consejos y admoniciones, fruto de su propia experiencia.

Barton Bouchier [1794-1865]
"Manna in the heart or daily comments on the book of Psalms", 1855

Salmo completo: Este salmo forma parte de los salmos estructurados alfabéticamente. Tertuliano[5] lo llama *"Providentiae speculum"*, "Espejo de Providencia"; Isi-

---

[5] Se refiere a Quinto Septimio Florente Tertuliano, más comúnmente conocido como Tertuliano [160-220], escritor y apologista cristiano cuya obra, escrita en latín, destaca por su vigor, suave sarcasmo, expresión epigramática y espíritu aguerrido. Escribió numerosas obras de apologética (la mayoría publicadas por CLIE) y son suyas diversas frases famosas como la conocida: *"La sangre de los mártires es semilla de cristianos"*.

doro:⁶ *"Potio contra murmur"*, "Antídoto contra la murmuración"; y Lutero:⁷ *"Vestis piorum"*, "Vestido para los santos"⁸.

CRISTOPHER WORDSWORTH [1807-1885]
"Commentary on the Whole Bible", 1856

---

⁶ Se refiere a ISIDORO DE SEVILLA [560-636], teólogo, cronista, compilador y arzobispo de Sevilla del 599 al 636. Uno de los grandes eruditos cristianos de la Edad Media.
⁷ Se refiere al reformador alemán MARTÍN LUTERO [1483-1546].
⁸ Según KARL DELITZSCH [1897-1777], la frase completa de Lutero es: *"Vestis piorum, cui adscriptum: Hic sanctorum patientia est"*, "Una túnica para los píos con la inscripción: He aquí la paciencia de los santos".

3

א [ÁLEF]
Vers. 1. *No te impacientes a causa de los malignos, ni tengas envidia de los que hacen iniquidad.* *[No te impacientes a causa de los malvados, ni tengas envidia de los que hacen iniquidad.* RVR77*] [No te irrites a causa de los impíos ni envidies a los que cometen injusticias.* NVI*] No te irrites a causa de los malhechores; no tengas envidia de los que practican la iniquidad.* LBLA*]*

No te impacientes a causa de los malignos. El salmo treinta y siete comienza con un mandato, un precepto relativo a una situación usual en la vida diaria de los creyentes. Pues nada tiene de extraño que cuando atraviesan épocas de aflicción, –y eso es frecuente–, experimenten la sensación de agravio comparativo al contemplar a personas sin sombra de fe ni pizca de honradez nadar en la abundancia y jactarse de su prosperidad. Se trata pues de un precepto acentuadamente necesario: *No te impacientes a causa de los malignos.* El sentido del texto original es amplio y profundo, va más allá del mero *"no te impacientes"* de nuestra versión Reina-Valera; transmite la idea de enfado, agobio, indignación, desgaste, ardor en el estómago; por lo que sería quizás mejor traducción: no te exasperes, no te pongas furioso, no te consumas, no te *"quemes"*.[9] La naturaleza humana es muy propensa a estallar en un ataque de celos cuando contempla a los que quebrantan la ley cabalgando arrogantes, mientras aquellos que fielmente la obedecen se arrastran penosamente por el fango.[10] Al juicio de la mente natural se le hace muy difícil concebir que la carne más exquisita vaya a los perros mientras los hijos amados carecen de ella y pasan privaciones. Entenderlo es una lección intrincada que se aprende tan sólo en la escuela de la gracia, donde los alumnos se gradúan en el arte de aceptar de buen grado paradojas y aparentes contradicciones de la providencia, en la certeza de que el Señor es justo en todas sus acciones y conoce la razón y el por qué de cada cosa.

Ni tengas envidia de los que hacen iniquidad. La misma advertencia con distintas palabras. Cuando estando en pobreza nos sentimos menospreciados o padecemos tribulaciones, nuestro viejo hombre, el viejo Adán, estalla en un fuerte ataque de envidia respecto

---

[9] En hebreo תִּתְחַר *tithar* de חָרָה *chârâh,* "quemarse". SCHÖKEL lo traduce por *"No te exasperes".* KRAUS: *"No te irrites".*

[10] Sobre este tema escribió el conocido poeta español BARTOLOMÉ LEONARDO DE ARGENSOLA [1562-1631], canónigo y cronista de Aragón, su famoso y conocido Soneto V, *A la Providencia,* que dice: *"Dime, Padre común, pues eres justo, / ¿por qué ha de permitir tu providencia / que, arrastrando prisiones la inocencia, / suba la fraude a tribunal augusto? / ¿Quién da fuerzas al brazo que robusto / hace a tus leyes firme resistencia / mientras el celo, que más la reverencia, / gime a los pies del vencedor injusto? / Vemos que vibran victoriosas palmas / manos inicuas, la virtud gimiendo / del triunfo en el injusto regocijo. / Esto decía yo, cuando riendo / celestial ninfa apareció, y me dijo. / «¡Ciego! ¿es la tierra el centro de las almas?»"*

a los ricos y poderosos; y de manera especial cuando constatamos que pese a haber obrado con mayor justicia que ellos, ellos disfrutan de más ventajas y mayores privilegios. Y el diablo saca buen provecho de la ocasión para inocular en nuestra mente razonamientos blasfemos. Unas gotas de limón bastan para agriar la mejor leche y una buena tormenta intimida al más osado. Pero no debería ser así; carecemos de motivo para envidiar a los inicuos, pues ¿qué envidia cabe sentir del buey engordado cuando es llevado al matadero, por muchas que sean las cintas y guirnaldas con que lo hayan adornado? El paralelismo es claro y evidente: puesto que el rico impío, no es más que un animal engordado para el matadero.

C. H. Spurgeon

No te impacientes.[11] Es decir: No te inquietes, no te indignes, no te irrites, no te enciendas, no te *"quemes"* ardiendo de ira.

Giovanni Diodati [1576-1649]
"Pious and Learned Annotations upon the Holy Bible", 1648

---

[11] Dice Agustín de Hipona [353-429]: «Cristiano, ¿por qué quedas perplejo cuando ves que los que obran mal viven más felices que tú? ¿Que disfrutan de buena salud, sobreabundan en bienes terrenales, tienen una familia feliz, ocupan altos cargos, y son objeto del aplauso y agasajo de todos aquellos que les rodean? ¿Te sulfuras al contemplar su conducta perversa y los excelentes resultados que les proporciona? ¿Y ello hace que tu corazón se incline a concluir que la justicia divina no existe, que todo es fruto de la casualidad y sucede manera fortuita? ¡No te impacientes! Aquello que a ti te parece largo e interminable para Dios no es más que un instante; sométete él, mira las cosas desde su perspectiva y también te parecerá un instante».

Ni tengas envidia de los que hacen iniquidad. Cuentan que la reina Elisabeth, mientras se hallaba en la cárcel,[12] envidiaba a la lechera que le traía la leche. Pero si hubiera anticipado reinado tan glorioso que le esperaba después, que duró cuarenta y cuatro años, no la habría envidiado. De igual manera la persona piadosa, si considera que lo que él tiene en esperanza futura es muchísimo más de lo que el inicuo tiene ahora a mano, carece de motivos para envidiarle, aunque él se encuentre en la miseria y el inicuo en el fulgor de su prosperidad y bienestar.

JOHN TRAPP [1601-1669]
"A commentary or exposition upon the books of Ezra, Nehemiah, Esther, Job and Psalms", 1657

Ni tengas envidia de los que hacen iniquidad. ¿Acaso no calificaríamos de necio a un hombre que, poseyendo propiedades que le aportan una renta anual de miles de monedas, envidiara a un simple comediante que sin ser propietario de un palmo de tierra, pero vestido con trajes reales, hiciera su papel de rey sobre las tablas del escenario de un teatro? Pues bien, eso es lo que son los inicuos: personas vestidas elegantemente a las que no falta de nada, pues poseen más de lo que su corazón pueda alcanzar a desear; pero cuyo disfrute es temporal, pues lo que tienen no es realmente suyo, no son más que albaceas, ya que el verdadero heredero es el creyente. Y siendo así, ¿de qué les aprovecha la prosperidad? No hace

---

[12] Tras la muerte de Eduardo VI, la que sería posteriormente Elisabeth I de Inglaterra, fue acusada de conspiración y encarcelada durante un año en la Torre de Londres por orden de su hermana María.

más que apresurarles a su ruina, no a su recompensa. El buey que ara vive más años que el que el buey pace; pues el que pace, al disfrutar de buenos pastos y engordar, no hace sino apresurar su matanza. Cuando Dios pone a los inicuos en pastos lozanos, en lugares de honor y poder, no es más que para acelera su ruina. Nadie debe por tanto impacientarse ni inquietarse a causa de los obradores de maldad; y menos aún envidiar la prosperidad de los inicuos. Porque la lámpara de los impíos se apagará, y quedarán en tinieblas eternas;[13] pronto serán cortados y como la hierba verde se secarán.

LUDOVIC DE CARBONE[14]
citado por JOHN SPENCER [1559-1614]
"Things New and Old", 1658

Vers. 2. *Porque como hierba serán pronto cortados, y como la hierba verde se secarán.* *[Porque como hierba serán pronto cortados, y como el césped verde se secarán. RVR77] [Porque pronto se marchitan, como la hierba; pronto se secan, como el verdor del pasto. NVI] [Porque como la hierba pronto se secarán, y se marchitarán como la hierba verde. LBLA]*

---

[13] Job 21:17.

[14] Suponemos que se refiere a LUDOVICUS DE CAMPEIGNE DU VEIL o LOUIS DE COMPIÈGNE DE VEILLE, un erudito judío del Siglo XVII nacido en Francia en el seno de familia judía, pero bautizado y educado en el catolicismo. Convertido al protestantismo se exilió a Inglaterra para unirse a la Iglesia Anglicana y terminó posteriormente sus días entre los bautistas.

Porque como hierba serán pronto cortados.[15] La muerte está afilando ya su guadaña. Verde crece la hierba, pero su siega llega de inmediato. La destrucción de los impíos es tan segura como inevitable, y será rápida, repentina, avasalladora e irreversible. No hay hierba capaz de resistir o evitar el embate del filo de la hoja del cortacésped.[16]

---

[15] Como curiosidad, apuntamos que el verbo hebreo que la Reina-Valera traduce como *"serán cortados"* en hebreo es יִמָּלוּ *yimmālū* de נָמַל *nâmal* que significa literalmente "circuncidar", aunque en este caso lo traduce obviamente como "cortar". Otras versiones han optado por interpretaciones o soluciones distintas como "marchitar, secar" etc.

[16] Dice Agustín de Hipona [353-429]: «Cuando dice *"hierba"*, quiere decir las plantas que crecen en un prado. Crecen a ras del suelo, no tienen raíces profundas y valen poca cosa. Reverdecen en invierno, pero en cuanto comienzan a caer implacables los rayos del sol de verano, se secan en un instante. Cristiano, en este mundo estás atravesando tu invierno terrenal, pues tu gloria aún no ha sido manifiesta; pero como hacen los grandes árboles durante el invierno profundizas tus raíces en el amor y te nutres de él, y cuando termine el invierno y llegue el verano, es decir el día del juicio, verás cómo el verdor de la hierba se seca mientras tus ramas y hojas reverdecen, como el follaje de los árboles. Dice el apóstol *"Vosotros estáis muertos"* (Efesios2:1) justo como parecen estar los árboles durante el invierno, prácticamente secos y aparentemente sin vida. ¿Y qué esperanza nos queda entonces si estamos muertos? Nuestras raíces; que son las que nos mantienen con vida y que se nutren de nuestro amor. *"Vuestra vida* –sigue diciendo el apóstol en otro pasaje– *está escondida con Cristo en Dios"* (Colosenses 3:3). ¿Pensáis acaso que alguien con semejante raíz puede llegar a secarse? ¿Pero cuándo llegará nuestra primavera? ¿Cuándo será nuestro verano? ¿Cuándo seremos revestidos de frondosidad y enriquecidos con abundancia de frutos? ¿Cuándo sucederá esto? Sigamos escuchando al apóstol Pablo: *"Cuando Cristo, vuestra vida, se manifieste, entonces vosotros también seréis manifestados con él en gloria"*. ¿Y entretanto? *"No te impacientes a causa de los malvados, ni tengas envidia de los*

Y como la hierba verde se secarán.[17] Todo el verdor y belleza de la hierba se marchita y desvanece en horas cuando una vez cortada se seca bajo los rayos abrasadores del sol. De igual modo toda la gloria de los impíos se desvanece como humo en la hora de su muerte; pues la guadaña siega su vida como la hierba, y la ira divina la seca como hace el sol con las gavillas de heno. Muere el impío y su memoria es borrada para siempre, su nombre se evapora y desaparece. ¡Qué rotundo *y cuán trágico es el final* del hombre que se gloría en sí mismo y se jacta de sus posesiones terrenales! ¿Vale la pena perder nuestro tiempo y desgastarnos en ansiedad por un insecto cuya existencia no se prolonga más allá de una hora? *¿Inquietarnos por* algo efímero que muere el mismo día que nace? En el interior de cada creyente anida y subsiste una semilla incorruptible que vive y permanece para siempre. ¿Por qué pues inquietarnos, y lo que es peor, por qué envidiar la mera carne y la gloria del hombre, que no es más que hierba y flor de la hierba?[18]

C. H. Spurgeon

Como hierba serán pronto cortados. Con guadaña y de un golpe seco.

Thomas Wilcocks [1549-1608]
"A Right Godly and Learned Exposition upon the whole Booke of Psalmes", 1586

Y como la hierba verde se secarán. Como sucede con la hierba verde, a veces los impíos se marchitan justo con el despuntar de la primavera, caen mientras todavía se es-

---

que hacen iniquidad. Porque como hierba serán pronto cortados, y como el césped verde se secarán"».
[17] La YLT traduce *"se desvanecen como el verdor del pasto"*.
[18] 1ª Pedro 1:24.

tán levantando, perecen al poco de poner en práctica sus ladinos planes y maliciosos designios. Pero aún en aquellos casos en los que crecen y alcanzan su madurez, llegando a disfrutar del fruto de sus tropelías, no crecen más allá de la cosecha, del momento asignado para su siega, en el que son cortados.

ROBERT MOSSOM [1617-1679]
"The preachers tripartite", 1657

*Se secarán. ¡Dura y amarga pa*labra que hace retumbar los oídos de todos aquellos que la escuchan! ¡Oh, sentencia insoportable que despoja a los pecadores de toda cosa buena sumiéndoles en la mayor desgracia! El Señor maldijo en cierta ocasión una higuera, y se secó de inmediato, no sólo sus hojas sino toda entera, ramas y tronco, hasta la última de sus raíces.[19] Lo mismo sucederá con todos aquellos que en el último día sean abrasados por esa pavorosa maldición; serán destituidos[20] de la gloria de Dios de modo que ya no les quede pensar, hablar, ni mantener esperanza alguna de nada bueno.

THOMAS TYMME *[¿?-1620]*

Hierba verde. No podemos arrancar la fruta de la paciencia de ningún árbol que crezca en el zarzal que es la corta vida del hombre. Y cuando la gangrena agobiante de la *envidia de la prosperidad de los malos* —enfermedad a la que los santos no son inmunes— se apodera de la mente, la única solución es ingerir de inmediato el antídoto que nos brinda esta aprovisionada farmacia que es el salmo treinta y siete. En él, como en otros pasajes de la Biblia,

---

[19] Mateo 21:18-19.
[20] Romanos 3:23.

vemos que a pesar de que nuestra existencia sea en algunos casos demasiado corta para alcanzar a contemplarlo, la vida de los impíos es todavía más corta a la hora de disfrutar de sus honores y riquezas. Pues: *"Ciertamente los has puesto en deslizaderos; en asolamientos los harás caer"*[21]; *"Pasan sus días en prosperidad, y en un instante descienden al Seol"*[22]; *"Porque como hierba serán pronto cortados, y como la hierba verde se secarán".*

EDMUND LAYFIELDE
sermón titulado *"The Mappe of Man's Mortality and Vanity"*,
predicado en el funeral de Abraham Iacob Esquire
en la iglesia de *St. Leonards-Bromley* en Stratford-Bow, el 8 de
Mayo de 1629

ב [BET]

Vers. 3. *Confía en Jehová, y haz el bien; y habitarás en la tierra, y te apacentarás de la verdad.* *[Confía en Jehová, y haz el bien; habita tu tierra y cultiva la fidelidad.* RVR77*] [Confía en el Señor y haz el bien; establécete en la tierra y mantente fiel.* NVI*] [Confía en el SEÑOR, y haz el bien; habita en la tierra, y cultiva la fidelidad.* LBLA*]*

Confía en Jehová. Encontramos aquí la segunda recomendación, el segundo precepto de este salmo. Y se trata de un precepto doble: *"confía"* y *"haz"*. He aquí el orden correcto de dos cosas inseparables: una trae resultados, la otra demuestra disposición, y la combinación de ambas es objeto de la promesa. El primer precepto fue *"no te impacientes por causa de los malignos";* el segundo es *"confía en el Señor"*. La fe acaba con la impaciencia y elimina todo vestigio de inquietud. La visión humana es bizca y

---

[21] Salmo 73:18.
[22] Job 21:13.

no alcanza a ver más allá de su propia nariz; únicamente ve las cosas en su contexto actual, en el entorno y momento en que suceden, y ello le da pie para la envidia. La óptica de la fe es mucho más clara, ve más allá, contempla las cosas en su perspectiva futura, cómo serán en realidad, y esto le infunde paz.

Y haz el bien. La fe verdadera es obediente, activa y enérgica. Obrar el bien es el mejor antídoto contra la inquietud. La actividad piadosa aporta al que la practica un gozo que elimina todo el óxido del descontento.[23]

Y habitarás en la tierra.[24] En *"la tierra"* que fluye leche y miel,[25] el Canaán del Pacto. No deberíamos andar

---

[23] El hebreo וַעֲשֵׂה־טֹוב *waʻăśêh-ṭōwḇ* de עָשָׂה *ʻăśâh* y טֹוב *ṭôb* tiene un cierto sentido de continuidad, lo que ha llevado a algunos a traducir: *"vive haciendo el bien"*, en el sentido que no debe ser algo ocasional sino habitual.

[24] Orígenes [185-254] ve en esta *"tierra"* el corazón y el alma del oyente, razón por la que considera que «Debemos habitarla, morar en ella; no mantenernos a una distancia prudente o limitarnos a ir y venir, sino poseerla, ocuparla, asentarnos en ella y labrarla. Como Noé, que labró la tierra y plantó una viña (Génesis 9:20), así también nosotros debemos: *"arar en el erial de nuestros espíritus y no sembrar entre espinos"* (Jeremías 4:3). Podar nuestro espíritu de todo tipo de defectos, desbastar sus rigideces y asperezas con mansedumbre en imitación de Cristo, y así podremos finalmente nutrirnos de sus frutos y saciarnos de sus riquezas». Agustín de Hipona [353-429] lo ve un poco diferente, y dice: «La tierra es la Iglesia. Es la tierra que riega y cultiva el divino Labrador, el Padre (Juan 15:1). Muchos al parecer practican buenas obras, pero no habitan en esa tierra, y por tanto nada tienen que ver con su Labrador. De modo que obra el bien, pero no fuera de la tierra, sino habitando en ella *"Y te saciarás de sus riquezas"*. ¿Y cuáles son las riquezas de esta tierra? Su riqueza es el propio Labrador. Dios es quien la enriquece y a la vez es su misma riqueza».

[25] Deuteronomio 26:9.

divagando por el desierto de la murmuración, sino establecernos definitivamente en la tierra prometida y descansar en ella en paz y contentamiento, pues: *"los que hemos creído entramos en el reposo"*.[26] Mucho de nuestro comportamiento y acciones externas depende de nuestro estado interno: cuando hay cielo en el corazón hay cielo en todo el cuerpo. La casa donde cada uno de sus habitantes tiene un cielo en el corazón se convertirá en un paraíso para todos los que en ella moran.

Y en la verdad serás alimentado.[27] Las necesidades de aquellos que obran con integridad y fe están garantizadas. El Buen Pastor ejercerá su cuidado pastoral sobre aquellos que apacienta, esto es, sobre todos los creyentes: Serán en verdad alimentados y alimentados de la verdad. Las promesas de Dios serán su banquete perpetuo y nunca les faltará de nada, ya sea material o espiritual. Algunos comen-

---

[26] Hebreos 4:3.

[27] En hebreo: וּרְעֵה אֱמוּנָה *ūrəʿēh 'ĕmūnāh* de אֱמוּנָה, "fidelidad, verdad". Un texto de difícil traducción. La *Septuaginta* lee: ἐπί ὁ πλοῦτος αὐτός, *"y saciarte de sus riquezas"*; y la *Vulgata* lo traduce como: *"et pasceris in divitiis eius"*. Pero el texto masorético hebreo difiere aquí radicalmente del texto griego. Una traducción literal de רְעֵה אֱמוּנָה sería *"apaciéntate de fidelidad"*, por lo que la KJV y la RVA traducen *"Vivirás en la tierra, y en la verdad serás alimentado"*. La RVR 1960: *"Y habitarás en la tierra, y te apacentarás de la verdad"*. La RVC: *"Así heredarás la tierra y la verdad te guiará"*. Probablemente la traducción más cercana al sentido del original sea el de la RVR 1977: *"Habita tu tierra y cultiva la fidelidad"*, muy similar al de la NVI: *"Establécete en la tierra y mantente fiel"*. Tanto SCHÖKEL: *"Habita una tierra y cultiva la fidelidad"*, como KRAUS: *"Habita en la tierra y guarda fidelidad"* coinciden con este enfoque. Si por אֱמוּנָה *'ĕmūnâh* entendemos la fidelidad de Dios, entonces la idea sería "apaciéntate, nútrete, deléitate en la fidelidad de Dios" (Salmo 23:2).

taristas leen esto como una exhortación: *"Aliméntate en la verdad"*; y ciertamente, alimentarse de la verdad siempre es motivo de alegría, algo que elimina para siempre todo conato de envidia en el corazón.

C. H. Spurgeon

Y habitarás en la tierra. La tierra de Canaán era considerada como la culminación de todas las aspiraciones terrenales y un tipo de la felicidad celestial. Alcanzar la tierra del Señor y habitar en ella bajo su protección, cerca de sus ordenanzas y en medio de su pueblo, era el máximo deseo de todo buen israelita.

Thomas Scott [1747-1821]
"Commentary on the Holy Bible: The Holy Bible with
Explanatory Notes, Practical Observations, and copious
Marginal References", 1807

Y habitarás en la tierra, y te apacentarás de la verdad. Es decir, tendrás en ella asentamiento, un asentamiento de reposo; y dispondrás en ella de medios para tu sustento y manutención, un sustento cómodo y agradable. Algunos traducen: *"Y ciertamente, serás alimentado"*. Alimentado por medio de la fe, como dice la Escritura, *"el justo por fe vivirá"*[28]: vive una vida buena y disfruta de una buena alimentación, nutriéndose de las promesas divinas. *"Ciertamente, serás alimentado"*, como Elías en medio de la hambruna,[29] con todo aquello que te sea necesario. Dios es el Buen Pastor, y alimenta a todos aquellos que en él confían.[30]

Matthew Henry [1662-1714]
"Commentary on the Whole Bible", 1811

---

[28] Romanos 1:17.
[29] 1ª Reyes 17:1-6.
[30] Salmo 23:1.

Y serás alimentado en la verdad. Una figura tomada del pastoreo, de la forma en que se alimenta al ganado bajo la guía y protección de un buen pastor.

HENRY AINSWORTH [1571-1622]
"Psalms, The Book of Psalmes: Englished both in Prose and Metre with Annotations", 1612

Y serás alimentado. Plenamente alimentado en la más completa abundancia.

THOMAS SECKER [1693-1768]
"Sermons on several subjects", 1795

Y serás alimentado. Alimentado en total seguridad.

JOHN PARKHURST [1728-1797]
"A Hebrew and English Lexicon without points: in which the Hebrew and Chaldee words of the Old Testament are explained in their leading and derived senses", 1762

Vers. 4. *Deléitate asimismo en Jehová, y él te concederá las peticiones de tu corazón.* *[Pon asimismo tu delicia en Jehová, él te concederá las peticiones de tu corazón RVR77] [Deléitate en el Señor, y él te concederá los deseos de tu corazón. NVI] [Pon tu delicia en el Señor, y él te dará las peticiones de tu corazón. LBLA]*

Deléitate asimismo en Jehová, y él te concederá las peticiones de tu corazón. El orden de las recomendaciones sigue en este salmo un proceso ascendente: a quien primero se le dice *"no te impacientes por causa de los malignos"*, y luego se le manda *"confía en el Señor"*, ahora se le recomienda *"deléitate asimismo en Jehová"*. Haz del Señor el gozo y regocijo de tu alma. Los inicuos se deleitan en las cosas de la carne; por tanto, no les tengas envidia, pues bastante desgracia tienen ya con poner su esperanza en ídolos vanos que no pueden ayudarles. Pero imítales en su empeño. Ellos se deleitan en su porción; atente tú a la tuya y verás como lejos de envidiarles, sentirás compasión de ellos. Si mantenemos conciencia de que el Señor es nuestro Dios, no queda lugar en nuestra mente para el afán o la ansiedad, sino más bien un incentivo al más elevado disfrute y éxtasis sagrado. Para nosotros cada uno de los nombres, atributos, palabras o acciones del Señor, tendría que ser motivo de gozo y deleite; y meditar en ellos debería proporcionarnos tanto placer y satisfacción como el que experimenta un gourmet al paladear los distintos sabores y texturas de los más exquisitos bocados culinarios.

Y él te concederá las peticiones de tu corazón. Un deber agradable que se ve recompensado con otro placer añadido. Aquellos que confían en el Señor no sienten otro deseo ni piden otra cosa que aquello que agrada a Dios; y en consecuencia, se les puede conceder barra libre, *"carta blanca"* respecto a sus deseos y peticiones; porque van a someterse en todo a la voluntad de Dios, y por tanto, pueden tener todo aquello que desean. Con todo, hay que entender que se refiere a nuestros deseos internos y profundos, no a nuestros caprichos casuales; pues hay muchas cosas que nuestra naturaleza humana nos puede inclinar a desear y que la gracia jamás nos permitiría pedir. La promesa atañe a los deseos más íntimos y profundos de nuestro corazón, concebidos y expresados en oración.

C. H. Spurgeon

Deléitate asimismo en Jehová. Cuánta gracia y cuánto amor encierran esas palabras. *"¡Deléitate asimismo el Señor!"* En el versículo anterior se nos decía *"confía en él";* y ahora, asumiendo que ya confiamos y descansamos en sus designios, se nos invita a que nos deleitemos. Y tiene sentido, pues, ¿acaso sería justo pasar por alto tanta bondad y no corresponder propiamente? Está dicho y demostrado que él *confía en nosotros: "Mis delicias son con los hijos de los hombres"*[31]. Si piensas por un momento en lo que él es, y en lo que eres tú, caerás maravillado de inmediato. Pues, ¿en qué otra cosa podrías maravillarte? ¿Qué puede haber en todo en universo capaz de ocupar el lugar de Dios? Piensa en la vida y vigor que deleitarte en el Señor te infundirá, pues *"el gozo de Jehová es vuestra fuerza"*[32]; y en cómo ese deleite te permitirá seguir el rumbo correcto descartando las demás obligaciones de tu situación presente. Bien sabes que tu deber es servirle. ¿O acaso te atreves a rechazar su yugo? Pues bien, siendo así, no hay cosa mejor que deleitarte en Aquel a quien debes servir; pues hace que tu servicio sea aceptable a él y agradable para ti. Es más, deleitarte en el Señor es un placer del que nadie puede privarte, un gozo del que nadie puede despojarte. Todas las demás cosas en las que ahora te deleitas se irán desvaneciendo día tras día; pero ni hombres ni demonios pueden impedir tu deleite en el Señor si tu corazón se siente inclinado a ello. ¿Nunca has sentido afecto por una persona por la cual habías sentido aversión anteriormente? ¿Alguien que te había hecho algún agravio importante pero que posteriormente te ha ganado el cora-

---

[31] Proverbios 8:31.
[32] Nehemías 8:10.

zón con su amabilidad? ¿Sí, verdad? Entonces dame una razón por la cual debas comportarte de distinta manera con Dios, quien nunca te ha hecho agravio alguno y cuya actitud hacia ti siempre a sido un alarde de buena voluntad. Considera por un momento tu condición en la tierra, y piensa a los muchos sufrimientos y penalidades a los que estás expuesto, y que de no deleitarte en él, nunca vas a estar seguro de poder evitar (porque son comunes a todos los hombres); pero que deleitándote en él podrás soportar mucho más fácilmente. Considera seriamente, además, el hecho de que has de morir, algo que no puedes alterar de ninguna manera. Y piensa cuánto más fácil, tolerable y placentero te resultará el pensar que cuando mueras vas a encontrarte con Aquel con quien has vivido ya antes en comunión deleitosa. Y también, en el caso contrario, ¡en lo terrible que puede resultar tener que presentarte delante de Aquel con quien –algo de lo que tu propio corazón te acusa– te has portado como un extraño, y a quien no has demostrado afecto alguno a lo largo de tu vida, pese a todos sus requerimientos y solicitudes.

JOHN HOWE [1630-1705]
"<i>Treatise of Delight in God</i>", 1674</div>

Deléitate asimismo en el Señor. Cuando leemos: *"en el Señor",* la partícula *"en"* tiene un significado muy amplio que corresponde extender a: *"con el Señor", "por medio del Señor" "al lado del Señor", "ante el Señor"* y *"en la presencia del Señor".* Es como decir: "Ven y siéntate con Dios, retírate junto a él y encuentra solaz en las delicias que hallarás en su presencia y conversación; en el andar con él y en desarrollar el devenir de tu vida ante él y bajo su mirada". Es como cuando una persona se deleita en un amigo que lo ha acogido bajo su techo; comparte con él su conversación y se goza disfrutando libremente de todas las comodidades, provisiones y demás privilegios que su anfitrión ha puesto a su servicio; y en contrapartida siente también satisfacción en cumplir todas las normas y ordenanzas propias de la casa que tan gentilmente lo ha acogido.

JOHN HOWE [1630-1705]
"Treatise of Delight in God", 1674

Y él te concederá las peticiones de tu corazón. "*Que se cumpla lo que quieres*"[33] Se dice de Lutero que era capaz de conseguir de Dios todo lo que deseara. Pues, ¿qué cosa será la que un favorito que cuenta con todo el aprecio y voluntad de su príncipe no conseguirá de él?

JOHN TRAPP [1601-1669]
"A commentary or exposition upon the books of Ezra, Nehemiah, Esther, Job and Psalms", 1657

Las peticiones de tu corazón. Es decir: Todas aquellas peticiones y deseos que, partiendo de la simiente espiritual, son por naturaleza espirituales; éstas rebosan de contenido y por tanto son correspondidas con el mismo contenido. Por el contrario, todas aquellas peticiones y deseos que parten del hombre natural, aunque en apariencia estén en conformidad y a favor de Dios, de Cristo, o de la justicia, arderán y perecerán con el propio hombre natural. Porque no son verdad, no proceden de la verdad, y no pueden alcanzar la verdad. Tan sólo los deseos del espíritu alcanzarán a vivir con el Espíritu de Dios en descanso y satisfacción eternas.

JOHN PENNINGTON, 1656

---

[33] Mateo 15:28.

> *Las peticiones de tu corazón.* Los *deseos* de Dios y los *deseos* de los justos concuerdan plenamente; pues ambos comparten una misma mente en sus deseos.[34]
> JOHN BUNYAN [1628-1688]
> *"The Desire of the Righteous Granted or A Discourse of the Righteous Man's Desires"*, 1635.

ג [GUÍMEL]

Vers. 5. *Encomienda a Jehová tu camino, y confía en él; y él hará. [Encomienda a Jehová tu camino, y confía en él; y él actuará.* RVR77*] [Encomienda al Señor tu camino; confía en él, y él actuará.* NVI*] [Encomienda al* SEÑOR *tu camino, confía en Él, que El actuará.* LBLA*]*

Encomienda a Jehová tu camino.[35] El cuarto precepto. Extiende toda la carga de tu vida delante del Señor; deja en sus manos no sólo la inquietud presente que te agobia, sino todas tus cuitas por completo; somete a él toda tu naturaleza, todo tu talante, todo tu entorno, todos los pensamientos y acciones de tu vida. Arroja lejos de ti cualquier brote de ansiedad, renuncia a tu propio ego, doblega tu voluntad, somete al Señor tus juicios y déjalo todo en sus

---

[34] Filipenses 2:5.
[35] En hebreo גּוֹל עַל־יְהוָה דַּרְכֶּךָ *gōl 'al-Yahweh dar·ke·kā*. El verbo hebreo גָּלַל *gâlal* traducido por *"encomienda"* tiene el sentido de "girar, hacer rodar, o darle la vuelta a algo" con la idea de pasarlo o ponerlo en manos de otro. Como en Josué 10:18: גֹּלּוּ אֲבָנִים גְּדֹלֹת אֶל־פִּי הַמְּעָרָה *gōllū 'ăḇānîm gəḏōlōṯ 'el-pî ham·mə·'ā·rāh*, *"Rodad grandes piedras a la entrada de la cueva"*, Génesis 29:10 וַיָּגֶל אֶת־הָאֶבֶן מֵעַל פִּי הַבְּאֵר *wayyāḡel 'eṯ hā'eḇen mê'al pî habbə'êr*, *"removió la piedra de la boca del pozo"*.

manos. ¡No hay mejor medicina para expulsar la envidia! ¡Qué objetivo tan elevado establece este cuarto precepto! ¡Cuántas bendiciones alcanza la persona que es capaz de vivir día tras día en absoluta obediencia a él!

Y confía en él; y él actuará. Si confiamos plenamente en el Señor, nuestro destino se cumplirá con gozo: es por ello que podemos cantar:

> *Tu vía oh, Dios, no la mía,*
> *aunque estrecha, seguir quiero;*
> *guíame, pues, bondadoso,*
> *al camino verdadero.*
>
> *Sin tu luz, ando en tinieblas,*
> *y equivocaré el camino;*
> *¡Ah! para alumbrar mis pasos*
> *luzca tu esplendor divino.*
>
> *No quiero escoger mi suerte*
> *si evitar hacerlo puedo;*
> *elige tú, Señor, mi senda*
> *y la seguiré sin miedo.*
>
> *Sé que no merezco nada,*
> *mas tú conoces mi anhelo;*
> *mi voluntad es servirte,*
> *mientras more acá en el suelo.*[36]

---

[36] Versión española del himno de HORATIUS BONAR [1808-1889] basado en el Salmo 32: *"Thy way, not mine, O Lord, / however dark it be; / lead me by thine own hand, / choose out the path for me"*, 1857, que figura en el original inglés, traducido al español por JUAN BAUTISTA CABRERA [1837-1916], primer obispo de la *Iglesia Española Reformada Episcopal* y contemporáneo de C. H. Spurgeon.

El labrador ara, grada, siembra, y luego confía la cosecha a Dios. ¿Qué más puede hacer? No puede cubrir los cielos de nubes, ordenar que llueva, hacer salir el sol o que descienda rocío. Lo deja todo en las manos de Dios. Ésta es la verdadera sabiduría: confiar obedientemente en Dios y dejar los resultados en sus manos, esperando su bendición.[37]
C. H. Spurgeon

Encomienda a Jehová tu camino. Cuando intentamos cargar sobre nuestras propias espaldas todo el peso de nuestra carga y arrastrarla por nuestros propios medios, nos sentimos agobiados por la ansiedad, y la falta de éxito nos induce a envidiar a los impíos que tienen más éxito y prosperan más que nosotros. Frente a esto, la mejor medicina es cumplir con nuestro deber, hacer todo lo que esté dentro de nuestros medios y posibilidades, y a continuación, dejarlo todo en las manos de Dios; como hace el labrador cuando después de arar y sembrar su campo confía la cosecha a la Providencia. Traigamos todos nuestros pesares y cuitas a los pies del Señor; dejémoslo todo en sus manos y no lo apartemos de ellas bajo pretexto alguno; tranquilicemos nuestra mente y aprestémonos a recoger la cosecha que él enviará, sin la menor duda, cuando estime oportuno.
David Dickson [1583-1663]
"Explanation of the First Fifty Psalms", 1653

---

[37] Dice Agustín de Hipona [353-429]: «¿Sufres? ¡Pues dile al Señor que estas sufriendo! ¡Cuéntale todo lo que te pasa! ¡Comunícale a él tus deseos! ¿Tienes luchas internas? ¿Tu carne se enfrenta a tu espíritu y tu espíritu se opone a la carne (Gálatas 5:17)? ¿Exclamas como el apóstol *"¡Miserable hombre de mí!; ¿quién me libertará de este cuerpo de muerte?"*. Explícaselo a él, y él hará. ¿Y qué es lo que hará? Sigue leyendo en el salmo: *"Hará que tu justicia resplandezca como el alba; tu justa causa, como el sol de mediodía"*»

Encomienda a Jehová tu camino. La *Vulgata* traduce este versículo al latín como: *"Revela Domino viam tuam"*, es decir: *Muestra tu camino al Señor.* Y San Ambrosio[38] lo entiende como la conveniencia de revelar o confesar nuestros pecados a Dios. Ciertamente, y puesto que es imposible ocultárselos, ¿por qué no confesárselos? No encubras ni trates de disimular lo que sabes que Dios ya conoce de antemano pero que él desea que admitas con tu propia boca. Mal negocio resulta hacer de secretario del diablo. ¡Por lo que más quieras, rompe de inmediato todos tus pactos con Satanás revelando tus secretos y pecados al Señor!

NATHANAEL HARDY [1618-1670]
en un sermón predicado en un funeral, 1649

Encomienda a Jehová tu camino. Una nota marginal en el texto hebreo dice: *"Transita tu camino apoyado sobre Jehová"*. El sentido es el de alguien que, habiendo de soportar una carga tan pesada que no puede acarrearla solo, decide caminar apoyándose en el hombro de alguien más fuerte que él.

WILLIAM DE BURGH [1801-1866]
"A Commentary on de Book of Psalms", Dublín, 1860

Y él actuará. Es decir, hará que aquello que tanto esperamos y anhelamos que se convierta en realidad. Cuando un hábil artesano encomienda por primera vez

---

[38] Se refiere a AMBROSIO DE MILÁN [340-397], destacado arzobispo de Milán, y un importante teólogo y orador. Es de los cuatro Padres de la Iglesia Latina y dejó un importante legado de escritos teológicos. Convirtió y bautizó a San Agustín y combatió ardientemente el arrianismo.

a su aprendiz el trabajo de labrar una pieza costosa y delicada, los que contemplan la escena se estremecen, y con razón, temiendo que sus manos jóvenes e inexpertas la vayan a echar a perder. Pero si quien le encomienda el trabajo es un viejo y experimentado maestro buen conocedor de su oficio y se mantiene a su lado, ese temor desaparece; pues todo el mundo sabe que en caso necesario y en el momento preciso su mano experta intervendrá para prevenir o corregir cualquier error. Igualmente, tendríamos razones para estremecernos al ver cómo nosotros nos hundimos en los peligros y dificultades mientras los éxitos y progresos de nuestros enemigos nos retumban en los oídos si jamás nos hubiera dado pruebas de su infinita sabiduría, poder y bondad, en corregir los errores transformando los accidentes más terribles en motivos de bienestar y gozo para los santos. En tal caso podríamos dudar de la habilidad y capacidad divinas en el arte de dirigir los destinos del mundo y conducir a su Iglesia. Pero el Señor nos ha dado tantas pruebas y demostraciones incuestionables en el pasado de sus habilidades, de su capacidad para reconducir si es preciso todo el devenir humano hacia su propia gloria y para bien de aquellos que le aman, que sería impropio, impío e inexcusable por nuestra parte cuestionar el final de la obra que ha comenzado.

ROBERT BAILLIE
"A Sermon on the House of Commons", 1643

Vers. 6. *Exhibirá tu justicia como la luz, y tu derecho como el mediodía. [Exhibirá tu justicia como la luz, y tu derecho como el mediodía. RVR77] [Hará que tu justicia resplandezca como el alba; tu justa causa, como el sol de* *mediodía.* NVI] *[Hará resplandecer tu justicia como la luz, y tu derecho como el mediodía.* LBLA]

Exhibirá tu justicia como la luz. En lo que respecta a nuestra reputación personal, debemos sentirnos complacidos en quedarnos quietos y dejar nuestra vindicación en manos del Juez de toda la tierra. Pues cuanto más nos angustiamos, peor para nosotros. Nuestra fuerza consiste en permanecer quietos.[39] El Señor dejará en claro la falsedad de las acusaciones y calumnias contra nosotros. Si nosotros buscamos y procuramos su honor, él cuidará del nuestro. Cuando la fe aprende a resistir la calumnia con aplomo, es maravilloso ver cómo la suciedad no la contamina, sino que resbala sobre ella como bolas de nieve sobre un muro de mármol. Y aún en el peor de los casos, cuando el buen nombre de alguien se ve manchado por un tiempo, la Providencia envía pronto como la luz del alba la aclaración de las cosas, una luz que progresivamente va iluminándolo todo hasta que la persona calumniada pasa, poco a poco, a ser admirada por todos.

Y tu derecho como el mediodía. Ninguna sombra de reproche prevalecerá y permanecerá; al contrario la persona vindicada volverá a todo su esplendor meridiano; la

---

[39] Dice al respecto Orígenes [185-254]: «Dios hará que aquello que has obrado en justicia salga a la luz. No consiente que lo justo y recto permanezca oculto. Pondrá de manifiesto no sólo todo lo bueno que has hecho sino también todo lo malo que te has negado a hacer. Y no tan solo hará que tu justicia resplandezca, sino que resplandezca como el sol del mediodía».

oscuridad de su tribulación y su mala reputación se desvanecerán por igual.[40]

C. H. Spurgeon

Hará que tu justicia resplandezca como el alba.[41] Si alguien te acusa de ser una persona de designios maliciosos y propósitos perversos, no dejes que ello te cause inquietud; puesto que a pesar de que tu fama y buen nombre se vean empañados por un tiempo por las calumnias y difamaciones lanzadas contra ti, y tu honorabilidad permanezca temporal y circunstancialmente oculta, como el sol detrás de las nubes, muy pronto los rayos de la verdad acabarán por romperlas en mil pedazos, y tu integridad volverá a resplandecer en toda su intensidad, como el sol del mediodía.

Simon Patrick [1626-1707]
"The Books of Psalms paraphrased", 1680

ד [Dálet]

Vers. 7. *Guarda silencio ante Jehová, y espera en él. No te alteres con motivo del que prospera en su camino,*

---

[40] Dice Agustín de Hipona [353-429]: «*"Y tu derecho como el mediodía".* Es decir, como el sol en su cenit, como la luz plena. No se conforma con decir *"como la luz",* porque luz llamamos también a la del atardecer y a la del amanecer; por ello concreta que se trata de una luz en la plenitud de su claridad, luz del mediodía. No solamente hará resplandecer tu justicia como la luz, sino que tu derecho brille como el mediodía».

[41] En hebreo: וְהוֹצִיא כָאוֹר צִדְקֶךָ וּמִשְׁפָּטֶךָ כַּצָּהֳרָיִם *wəhōwṣî kā'ōwr ṣidqekā*. La traducción de la NVI coincide con la de Schökel *"hará salir tu justicia como la aurora"* y la de Kraus *"hará que tu justicia amanezca como la luz".* El término hebreo כָאוֹר *kā'ōwr* de אוֹר *or* tiene en realidad este sentido: la "luz del amanecer" o "luz de la aurora". Ver al respecto Oseas 6:5: *"y tus juicios serán como luz que sale.",* en hebreo: אוֹר יֵצֵא *'ōwr yêṣê.*

por el hombre que hace maldades. [Guarda silencio ante Jehová, y espera en él. No te alteres con motivo del que prospera en su camino, por el hombre que hace maldades. RVR77] *[Guarda silencio ante el Señor, y espera en él con paciencia; no te irrites ante el éxito de otros, de los que maquinan planes malvados.* NVI] *[Confía callado en el* SEÑOR *y espérale con paciencia; no te irrites a causa del que prospera en su camino, por el hombre que lleva a cabo sus intrigas.* LBLA]

Guarda silencio ante Jehová, y espera en él. Fijémonos de nuevo en el doble mandato: *"guarda silencio"* y *"espe-ra"*. Este quinto precepto es el más excelso y sublime de todos, y exige una buena dosis de gracia para ponerlo en práctica. Acallar y tranquilizar el espíritu, permanecer en silencio delante del Señor, aguardar con santa paciencia el momento en que la Providencia decida aclarar el horizon-te y resolver nuestras dificultades, es objetivo al que todo corazón piadoso debe aspirar y perseguir con ahínco. *"Y Aarón guardó silencio"*[42]; *"Enmudecí, no abrí mi boca, porque tú lo hiciste"*[43]. En la mayoría de los casos, una lengua silenciosa no sólo demuestra una cabeza sabia, sino también un corazón santo.[44]

---

[42] Levítico 10:3.
[43] Salmo 39:9.
[44] Comenta al respecto AGUSTÍN DE HIPONA [353-429]: «Guarda silencio ante el Señor y espera en él. Obedece sus preceptos, sométete y suplícale que te conceda lo que te prometió. Continúa obrando el bien y persevera en la oración. Es necesario orar siempre, y no desmayar (Lucas 18:1). ¿Y cómo se evidencia esa

Y espera en él con paciencia. Para Dios el tiempo no significa nada; y tampoco debería significar nada para ti. Esperar en Dios merece la pena, él nunca se adelanta y nunca llega tarde. Cuando escuchamos una historia, esperamos hasta el final para descubrir la trama; de igual modo, no es conveniente prejuzgar el gran drama de la vida, es mucho mejor que permanezcamos quietos y aguardemos en silencio hasta la última escena para ver a qué conclusiones nos lleva y a qué fin conducen los diferentes hilos del guión.

No te irrites ante el éxito de otros. Nada hay de bueno, y sí mucho de malo, en inquietarse y, peor todavía, irritar nuestro corazón a causa de los éxitos de los inicuos y conspiradores que viven lejos de la gracia. No te dejes arrastrar por juicios prematuros, de modo que la actitud de ellos al deshonrar a Dios se convierta en un motivo de inquietud y desaliento para ti. Adopta la resolución de no sentirte afectado por el hecho de que los impíos tengan todo el éxito que quieran, tómatelo con la más absoluta indiferencia y no permitas jamás que aflore en tu mente la más mínima sombra de duda acerca de la justicia o bondad del Señor. ¡Qué más te da si los planes de los impíos tienen éxito y los tuyos fracasan! Recuerda que hay más del amor de Dios en tus fracasos que en sus éxitos.

---

sumisión? Cumpliendo lo que él ordena. Todavía no recibes tu recompensa, pero puede que sea quizá porque aún no eres capaz de asumirla. Él está en condiciones de dártela, pero tú no cuentas con la capacidad necesaria para recibirla. Esfuérzate en tu tarea, trabaja en la viña, y reclama tu salario al final de la jornada; pues el que te llevó a trabajar en ella, el dueño de la viña es digno de toda confianza (Mateo 20:8)».

*De los que maquinan planes malvados.*⁴⁵ Observa el contraste entre lo que *"Dios hará"*, según leemos en el versículo cinco; y lo que aquí dice que *"hacen los malvados"*. La causa de nuestra inquietud y descontento está en que los malvados parecen tener éxito en los planes que maquinan; pero la razón de nuestro consuelo es que los nuestros también van a tenerlo: cuando Dios actúe y *"haga"*, situando cada cosa en su lugar.

C. H. Spurgeon

Guarda silencio ante Jehová, y espera en él. Hay dos verbos en el texto original de este versículo que expresan el privilegio y el deber de descansar plenamente en Cristo: uno, דָּמַם *dōwm* דָּמַם *damam*, de implica un estado de aquiescencia, de acatamiento, puesto que guardar silencio es acallar el clamor de la conciencia y componer la perturbación del espíritu.⁴⁶ El otro, וְהִתְחוֹלֵל *wəhithōwlêl* de חוּל *chûl*, significa el reposo alegre del peregrino fatigado cuando llega al final de su viaje y es establecido para siempre en un lugar seguro y confortable, donde goza de toda abundancia.

James Hervey [1713-1758]
"Meditations and Contemplations", 1789

---

⁴⁵ El término hebreo que la Reina-Valera traduce aquí por *"maldades"*, מְזִמּוֹת *məzimmōwt*, se aproxima más a la idea de "intrigas". LBLA lo traduce de ese modo: *"el hombre que lleva a cabo sus intrigas"*, y en ello coinciden tanto con Schökel como con Kraus.
⁴⁶ Así lo entienden y traducen tanto Schökel: *"Descansa en el Señor y espera en él"* como Kraus: *"¡Tranquilízate ante Yahvé y espérale!"*.

Guarda silencio ante Jehová, y espera en él. Imaginemos el caso de alguien que soportando una carga superior a sus propias fuerzas, haya estado afanándose inútilmente para salvar una grieta y ascender por una escarpada pendiente en el camino cuando, de pronto, se siente liberado de la carga, que es transferida a otro más fuerte que él y con cuya simpatía sabe que cuenta en todo y por todo. ¿Cómo se sentirá sino aliviado, liberado, relajado y feliz a partir de este momento, mientras ambos prosiguen hacia adelante el camino? Tal es la bendición de encomendar nuestro camino al Señor, de andar nuestro camino con él a nuestro lado y depositar nuestra carga sobre su hombro: nuestra debilidad es compensada por su fuerza omnipotente; nuestras dudas y perplejidades aclaradas por su infinita sabiduría; y en los momentos de prueba y dificultad podemos contar con la certeza absoluta de su afecto y simpatía. Y ante esto, no queda sino guardar silencio; sí, guardar silencio con nuestros ojos fijos en él, para que todos nuestros pensamientos de incredulidad queden acallados; nuestros conatos de ira e irritación ante la prosperidad de otros en contraste con nuestras penas y dificultades se disipen y desvanezcan de inmediato; y sintamos la vergüenza de permitir que la intensidad de nuestros problemas nos impida ver a Dios en ellos, y la neblina de las cosas terrenales nos oculte el brillar de las estrellas eternas en el cielo. ¡Qué triste que nos dejemos arrastrar con tanta frecuencia por nuestros impulsos y exclamemos amargados como Jacob: *"Contra mí son todas estas cosas"*[47]; o con desaliento como

---

[47] Génesis 42:36.

Elías: *"Basta ya, oh Jehová, quítame la vida"*[48]; o irritados como Jonás: *"Me muero de rabia"*[49]. Cuando nos vienen a la mente tales pensamientos de incredulidad, tenebrosos y nefastos, la obligación de nuestro corazón es guardar silencio, debemos quedarnos quietos y saber que él es Dios. Guardar silencio en lo que respecta a la murmuración, pero no en lo que hace referencia a la oración, porque es precisamente en este silencio de meditación donde el corazón encuentra la verdadera comunión con él. ¡Qué es *"esperar en Dios"* sino el movimiento instintivo de levantar la mirada de nuestro espíritu hacia él; de confiarle todas nuestras penas y temores; y de sentirnos con ello fortalecidos, esperanzados, confiados, pacientes y seguros ¡Pero ello exige voluntad y disposición por nuestra parte a que sea Dios quien decida y elija por nosotros, además de una convicción absoluta de que el ordenamiento de todo aquello que nos concierne está mucho más seguro en manos de Dios que en las nuestras.

Permitidme, ahora, añadir algunas observaciones prácticas:

1. El beneficio de *"esperar en él con paciencia"* se aplica únicamente a las pruebas que él nos envía, no a las que nosotros mismos nos buscamos. Hay una diferencia entre las cargas que debemos soportar cuando andamos por el camino que nos ha sido trazado y las que nos sobrevienen a causa de nuestro deambular por sendas que no nos corresponden y en las que no debimos habernos metido. Las unas, las podemos descargar sobre el Señor; pero con las otras puede que nuestro castigo sea tenerlas

---

[48] 1ª Reyes 19:4.
[49] Jonás 4:9, NVI.

que soportar durante bastante tiempo, y que acarrearlas nos cause rasguños y moratones dolorosos.

2. El deber de *"esperar con paciencia"* tenemos que mantenerlo a lo largo de toda nuestra vida y aplicarlo en todos los casos. Con frecuencia no tenemos dificultad en aprender a esperar pacientemente en lo que respecta a los grandes problemas y pruebas importantes de la vida; pero en lo concerniente a las dificultades y reveses menores, a las pruebas más pequeñas, la cosa se nos hace más difícil. Debemos aplicar la espera y la paciencia en todos los casos, incluidas aquellas contradicciones menores que tanto nos irritan.

3. La capacidad de *"esperar en Dios"* constituye un elemento comparativo para la valoración de nuestro estado y carácter espiritual. Antes de que nuestra naturaleza tenga capacidad para entender lo que esperar en Dios significa y desearlo con todas sus fuerzas, precisa de una facultad especial de discernimiento, de un nuevo sentido al que el alma debe abrirse por completo.

JAMES DRUMMOND BURNS [1823-1864]
"The vision of prophecy and other poems", 1858

Guarda silencio ante Jehová, y espera en él. Es decir, quédate quieto y no hagas nada. Y este es un precepto muy duro y difícil de cumplir para cualquier ser humano. Hasta el punto que cualquier otro precepto o mandamiento que involucre algún tipo de acción, por difícil que esta sea, queda reducido a la insignificancia, agua de borrajas, cuando lo comparamos con éste que nos obliga a todo lo contrario, a la inacción, a quedarnos quietos y a no hacer nada.

JERÓNIMO DE ESTRIDÓN [347-420]

Guarda silencio ante Jehová, y espera en él. El verbo hebreo traducido como *"guarda silencio"* es דּוֹם *dōwm* de דָּמַם *dâmam,* probable raíz u origen del término "mudo" en algunas lenguas, como es el caso del inglés *"dumb".* El silencio que aquí se nos prescribe se opone a la acción de murmurar y quejarse.

JAMES ANDERSON [1804-1863]
en una nota de la traducción al inglés del *"Comentario a los Salmos"*
de JUAN CALVINO [1509-1564]

ה [HE]
Vers. 8. *No te impacientes a causa de los malignos, ni tengas envidia de los que hacen iniquidad.* *[Deja la ira, y depón el enojo; no te excites en manera alguna a hacer lo malo.* RVR77*] [Refrena tu enojo, abandona la ira; no te irrites, pues esto conduce al mal.* NVI*] [Deja la ira y abandona el furor; no te irrites, sólo harías lo malo.* LBLA*]*

Deja la ira, y depón el enojo.[50] De manera especial la ira y la irritación contra los designios de la Providencia,

---

[50] En hebreo: הֶרֶף מֵאַף וַעֲזֹב חֵמָה אַל־תִּתְחַר אַךְ־לְהָרֵעַ *herep̄ mê'ap̄ wa'ăzōḇ ḥêmāh 'al-titḥar 'ak-ləhārêa'.* Es evidente que la traducción de la RVR1960 de הֶרֶף מֵאַף *herep̄ mê'ap̄* por *"no te impacientes"* es muy pobre y poco apropiada. El término hebreo que utiliza aquí el salmista para מֵאַף *mê'ap̄* proviene de אַף *'aph,* el mismo que utiliza en el Salmo 103:8 cuando dice *"lento para la ira".* Su traducción correcta es *"nariz",* por lo que la traducción literal sería *"abate tu nariz".* *"Deja la ira"* es una buena traducción, o como traduce SCHÖKEL: *"Cohibe la ira".* (Ver al respecto la nota exegética del Salmo 103:8).

así como también la envidia y celos de los placeres temporales de aquellos que pronto serán proscritos y privados de todo bienestar. La ira es una locura en todos los casos, pero en éste en particular, es demencia y desvarío. Por tanto, a pesar de que tratará por todos los medios de permanecer constantemente a nuestro lado, debemos ignorarla de manera firme y resoluta.

No te irrites, pues esto conduce al mal.[51] En ninguna circunstancia y bajo ningún pretexto os dejéis llevar hacia este camino. La irritación se apoya sobre el mismísimo vértice del pecado.[52] Muchos que han comenza-

---

[51] De nuevo la traducción de la RVR1960 se aparta aquí por completo del texto hebreo masorético dejándose arrastrar por el griego de la *Septuaginta*, παραζηλόω ὥστε πονηρεύομαι, y su traducción al latín de la *Vulgata "noli aemulari ut maligneris"*. La idea no es en absoluto la de sentir envidia sino más bien una advertencia: La ira y el enojo te llevarán a obrar mal, como lo traduce Schökel: *"no te exasperes hasta obrar mal"*, y Kraus: *"No te irrites, sólo conduce al mal"*.

[52] Dice Ambrosio de Milán [340-397]: «La ira es una enfermedad capaz de afectar y destruir no sólo a las personas comunes sino incluso a los sabios. Es al sabio a quien amonesta David diciéndole: Detén tu ira, porque una vez has encendido su fuego sus llamas no cesarán hasta devorarte. Por tanto: *"Deja la ira"*, refrena tu enojo, sujétalo, ponle coto. ¿Y por qué le dice esto? Para que reflexione. Como si le dijera: 'De pronto te enervas a causa de algo que te ha molestado u ofendido, los sentimientos hacen presa de ti y te enfureces; pero no has alcanzado todavía el punto límite a partir del cual no puedas ya detenerte. *"Deja la ira"* de inmediato, detente cuando todavía estás a tiempo si no quieres que la ira acabe arrastrándote al pecado'». Su discípulo Agustín de Hipona [353-429] añade al respecto: «¿Sabes a dónde te va a conducir esa ira? A reprocharle a Dios. A cuestionar su justicia y sus decisiones preguntándole: ¿Cómo es posible que esta persona viva en la prosperidad y esta otra se arrastre en la miseria? ¡Hasta este punto te llevará! *"Deja la ira"*. Extermina de inmediato este engendro.

do simplemente tolerando y dando una cabida relativa a la murmuración, han acabado cayendo de lleno en el pecado al intentar defender su postura y mantener como veraces sus suposiciones imaginadas. Cuidaos de no criticar a otros, examinaos primero a vosotros mismos para comprobar si realmente andáis por el buen camino. El mismo horror y aversión que sentís a cometer pecado externo debe llevaros a temblar ante la posibilidad del descontento y la irritación interna.

C. H. Spurgeon

Deja la ira. La ira no es otra cosa que enojo llevado a sus últimas consecuencias. Es algo que debemos evitar por todos los medios, ya que resulta desagradable y muy impropio del carácter de un cristiano.

Pues esto conduce al mal. Angustiarnos por la prosperidad del malvado, o imitarle haciendo lo mismo que él hace con la esperanza de conseguir su misma prosperidad, puede llevarnos inadvertidamente a obrar el mal sin que reparemos en ello.

John Gill [1697-1771]
"Exposition of the Old Testament", 1748

Vers. 9. *Porque los malignos serán destruidos, pero los que esperan en Jehová, ellos heredarán la tierra.* *[Porque los malhechores serán destruidos, pero los que esperan en Jehová, heredarán la tierra. RVR77] [Porque*

Refrena tu ira y depón el enojo no sea que cuando recapacites tengas que exclamar como el propio salmista: *"Mis ojos se han consumido por causa de la ira"* (Salmo 7:8 Traducción de la *Vulgata* y *Septuaginta*)» *los impíos serán exterminados, pero los que esperan en el Señor heredarán la tierra.* NVI] *[Porque los malhechores serán exterminados, mas los que esperan en el SEÑOR poseerán la tierra.* LBLA]

Porque los malignos serán destruidos.[53] Su muerte, más que un traspaso suave y benevolente a un estado mejor, será un juicio penal; una ejecución fulminante llevada a cabo por el hacha de la justicia.

Pero los que esperan en Jehová heredarán la tierra. Esto es, aquellos que amparándose en su fe esperan pacientemente disfrutar de su porción en la vida venidera: *"heredarán la tierra".* Aunque en realidad cabe decir que ya en esta vida presente gozan de una alegría real y verdadera, y en los siglos venideros disfrutarán de la gloria y el triunfo completo.[54] Según nos describe Bunyan en su ale-

---

[53] El verbo hebreo יִכָּרֵתוּן *yikkārêṯūn* de כָּרַת *kârath,* significa literalmente "amputar, cortar una parte del cuerpo separándola del resto". Implica la idea de destrucción, pero hay diferencias entre los exégetas respecto al ámbito de la misma. KRAUS entiende que implica una destrucción total y absoluta, como es de esperar que suceda con un miembro amputado y que ya no sirve para nada, y por eso traduce: *"Porque los malos serán exterminados".* SCHÖKEL en cambio lo entienden más bien como una idea de simple separación de algo (posiblemente de la asamblea), por lo cual traduce: *"pues los malvados serán excluidos".*

[54] Comenta sobre esto AGUSTÍN DE HIPONA [353-429]: «Puede que te preguntes: ¿Y cuándo sucederá esto? Espera tan solo un poco más y recibirás lo que esperas (...) ¿Cuánto dura la vida de un hombre? Por años que viva, aun cuando alcance una edad muy avanzada ¿qué? ¿Acaso no es como la brisa de la mañana? De modo que, por muy lejano que te parezca ahora el día del juicio en que tenga lugar el reparto de recompensas a justos e

goría, Pasión⁵⁵ busca el disfrute y placer inmediato, y lo consigue, pero es un placer que se desvirtúa y desvanece muy pronto; en cambio Paciencia aguarda su premio hasta el final, y su disfrute permanece para siempre.⁵⁶

C. H. SPURGEON

Heredarán la tierra. Significa que vivirán de tal forma que la bendición de Dios permanecerá con ellos ininterrumpidamente incluso hasta la tumba.

JUAN CALVINO [1509-1564]

ו [VAV]
Vers. 10. *Pues de aquí a poco no existirá el malo; observarás su lugar, y no estará allí.* *[Pues de aquí a poco*

---

injustos, el día de tu muerte no está tan lejano. Prepárate para ese día. Puesto que según salgas de esta vida, así tendrás que presentarte en la otra».

⁵⁵ Se refiere a JOHN BUNYAN [1628-1658] y a su obra alegórica *El Progreso del Peregrino,* publicado por CLIE en español. En el capítulo V, mientras Cristiano se aloja el casa del Intérprete ces conducido por este a una habitación pequeña, en la que estaban dos niños sentados, cada uno en su silla. El nombre de uno era Pasión, y el del otro Paciencia. Pasión parecía estar muy intranquilo y descontento; en cambio, Paciencia estaba calmado y sonreía (...)».

⁵⁶ Dice al respecto JOSÉ Mª MARTÍNEZ [1924-] en "Salmos Escogidos": «La primera parte del salmo cierra con la perspectiva del futuro, la ruina de los inicuos y la bendición para *"los que esperan en Yahvè". "Respice finen",* "mira al final" decían los antiguos latinos: es lo que debe hacer el creyente. No podemos juzgar la obra de Dios antes de llegar al último capítulo. Para el cristiano este capítulo final se halla al otro lado de la muerte (Lucas 16:19 y siguientes) y en el juicio final».

no existirá el malvado; observarás su lugar, y ya no estará allí. RVR77] *[Dentro de poco los malvados dejarán de existir; por más que los busques, no los encontrarás.* NVI] *[Un poco más y no existirá el impío; buscarás con cuidado su lugar, pero él no estará allí.* LBLA]

Pues de aquí a poco[57] *no existirá el malo.* Tan pronto los malos alcanzan su esplendor y grandeza, los juicios de Dios los barren como polvo. Sus riquezas se funden, su poder decae, su felicidad se convierte en desdicha; y dejan de ser contados entre los vivientes. La brevedad de la vida nos hace ver que el brillo de su maldad no es oro verdadero. Por tanto, creyente que padeces soportando pruebas, ¿por qué envidiar a alguien que dentro de poco yacerá más bajo que el polvo?

Observarás su lugar, y ya no estará allí. Su casa quedará vacía, su hacienda carecerá de propietario. Y cuando mires ya no estará sentado en su silla. Habrá pasado cual nube pasajera, olvidado como un sueño, borrado por sus propios excesos, acabado en la penuria por sus extravagancias y su propio despilfarro. ¿Dónde quedarán entonces sus jactancias y fanfarronadas? ¿Dónde esa pompa y circunstancia que tristemente y tan a menudo hace concluir a algunos pobres mortales que el pecador es quien disfruta de más bendiciones?

C. H. SPURGEON

---

[57] En hebreo וְעוֹד מְעַט *wəʿōwḏ məʿaṭ*. SCHÖKEL lo traduce como "Aguarda un momento: ya no está el malo"; KRAUS, "Un poco más de tiempo, y desaparecerá el impío".

Pues de aquí a poco no existirá el malo; observarás su lugar, y no estará allí. Cuando el pavo real, un ave fascinante y maravillosa, despliega el atractivo abanico semicircular que forma con las hermosas y brillantes plumas de su cola, se pavonea en actitud desafiante contemplando orgulloso el colorido de su cuerpo; pero cuando baja la mirada y ve sus patas, negras y sucias, poco a poco va bajando la cresta con desagrado, en un movimiento que parece indicar una sensación de vergüenza y pena. De igual forma, muchos son los que cuando se contemplan a sí mismos abundando en riquezas y honores, se glorían y se sienten inclinados a engreírse en gran manera; pregonan su fortuna y se admiran y alaban a sí mismos; hacen planes, establecen objetivos y se fijan las metas que proyectan llevar a cabo en los años siguientes: este año cubriremos tal territorio y el que viene aquel otro; y después dominaremos tal provincia; tras lo cual nos construiremos un palacio en tal ciudad al que añadiremos viñedos y jardines para nuestro disfrute y recreo. Así se jactan y pavonean de su numerosos planes. Pero si miraran por un instante a sus pies; si se pararan a pensar tan sólo por un momento en la brevedad de su existencia, tan transitoria y cambiante, tan voluble y caprichosa, ¡qué pronto esconderían sus orgullosas plumas, se olvidarían de su arrogancia, y cambiarían por entero sus propósitos, sus mentes, sus maneras y sus vidas!

THOMAS TYMME [¿?-1620]

Observarás su lugar, y no estará allí. Es decir, porque muy pronto será arrancado de raíz.[58]

ARTHUR JACKSON [1593-1666]
"Annotations upon the five books immediately following the historicall part of the Old Testament (commonly called the five doctrinall or poeticall books) Iob, the Psalms, the Proverbs, Ecclesiastes, and the Song of Solomon", 1658

Observarás su lugar, y no estará allí. De pronto las tierras que poseía, la casa donde vivía, y el título nobiliario que ostentaba como irrecusable ya no estarán en *su lugar,* habrán pasado a otras manos. Pues nada de todo lo que tiene en este mundo es realmente suyo. No es más que un pobre y miserable que vive de limosna.

WILLIAM SWAN PLUMER [1802-1880]
"Studies on the Book of Psalms: A Critical and Expository Commentary with Doctrinal and Practical Remarks", 1867

---

[58] AGUSTÍN DE HIPONA [353-429] da a esto una interpretación un tanto peculiar y se pregunta: «¿Qué quiere decir con esto de *"su lugar"?* Significa su utilidad, su función. ¿Acaso el pecador tiene alguna función? Por supuesto que sí. Le es útil a Dios para probar en esta vida la entereza de los justos. Como se valió del diablo para probar a Job o de Judas para entregar a Cristo. Esta es la función de los pecadores en este mundo y este es su lugar, como la paja en el horno del joyero. Pues así como la paja arde en el horno del joyero para fundir y purificar el oro, así también los impíos abrasan a los justo para probarlos. Pero en cuanto acabe el período de prueba y acabe su función, los pecadores desaparecerán (...) Durante un tiempo Dios los utiliza como flagelo, y para ello les otorga cierto poder para azotar a los justos, que así se enmiendan. Pero en cuanto acaba su tiempo, recibirán lo que merecen (...) y como la paja del joyero *"observarás su lugar, y no estará allí"»*.

SALMO 37

Vers. 11. *Pero los mansos heredarán la tierra, y se recrearán con abundancia de paz.* *[Pero los mansos heredarán la tierra, y se recrearán con abundancia de paz.* RVR77] *[Pero los desposeídos heredarán la tierra y disfrutarán de gran bienestar.* NVI] *[Mas los humildes poseerán la tierra, y se deleitarán en abundante prosperidad.* LBLA]

Pero los mansos[59] *heredarán la tierra.* Disfrutarán de la vida en exceso de todos los demás mortales. Pues aún cuando sufran, sus consolaciones excederán a sus tribulaciones. *"Heredarán la tierra"* significa que obtendrán los privilegios del Pacto y la salvación de Dios. Los auténticamente humildes tendrán su parte con el resto de herederos de la gracia a quienes toda cosa buena viene por sagrado derecho de nacimiento.[60]

---

[59] En hebreo וַעֲנָוִים יִירְשׁוּ־אָרֶץ *wa 'ănāwîm yîrəšū 'āreṣ* de עָנָו *anav*, "humildes, pobres, afligidos". KRAUS traduce: "pero los pobres". SCHÖKEL: "pero los marginados".

[60] AMBROSIO DE MILÁN [340-397] lo interpreta de la siguiente forma: «Para ellos es un derecho heredar la tierra en tanto que en ellos Dios halla reposo. Lo que se desprende de las palabras del profeta Isaías: *"¿Dónde encontraré mi lugar de reposo (...) dice el Señor, sino en aquel que es manso y humilde, y que tiembla a mi palabra?* (Isaías 66:1.2). ¿Y quiénes son los mansos y humildes? Aquellos que no se dejan arrebatar con facilidad por la ira y que huyen de contiendas y disputas (...) Aquellos que en este mundo aman y buscan la paz del Señor más que las riquezas, los banquetes y el vino. Que no dudan en despreciar placeres y deleites con tal de obtener la gracia eterna. Estos son los que *"se recrearán con abundancia de paz"*».

Y se recrearán con abundancia de paz. Como aman la paz, tendrán paz.[61] Y aunque no tengan oro en abundancia, la paz en abundancia les será todavía más preciosa y mucho mejor. Hay quienes disfrutan con las peleas y contiendas, algo que a la larga se vuelve en su propia contra y les hunde en la desdicha y la desventura. Pero la búsqueda de paz siempre acarrea y conduce a más paz, pues cuanto más la amamos y con mayor ahínco la buscamos, más abunda y acude a nosotros. Sin embargo no será hasta el reinado de paz que tendrá lugar en la culminación de los tiempos[62] cuando una paz universal traiga contento y regocijo a toda la tierra, que estas palabras convertidas en realidad universal adquirirán verdaderamente todo su significado y plenitud profética.

C. H. Spurgeon

Los mansos. "¿Qué es tu Amado más que otro amado?" preguntan a la esposa.[63] Y así podemos también preguntarnos nosotros: ¿Qué es la mansedumbre más que cualquier otra virtud? Cabe decir que se trata de una figura retórica, que no es más que una *synecdoche speciei*,[64] es decir, "la parte puesta en lugar del todo", en este caso una virtud concreta –la mansedumbre– puesta

---

[61] De entrada y ya en esta vida, disfrutan de una paz que sobrepuja la de los demás mortales (Filipenses 4:7).

[62] En texto original dice literalmente *"In the halcyon period of the latter days"*, período que identificamos con el reinado justo del Mesías descrito en Isaías 11:1-10.

[63] Cantares 5:10.

[64] Del latín: "Tomar la parte por el todo". La Sinécdoque es un recurso retórico de tipo *Tropo*, es decir, la sustitución de una expresión por otra cuyo sentido es figurado. En concreto, la sinécdoque es una licencia retórica mediante la cual "una parte de algo es

en lugar de todas las demás como figura de las mismas; o también del efecto puesto en sustitución de la causa, puesto que la mansedumbre (efecto) es una de las partes principales y primordiales de la santidad (causa). Pero si me concedéis la libertad de hacer algunas conjeturas, os diré que en esta promesa concreta el Espíritu Santo parece referirse más bien a la Iglesia con el propósito de confortarla; al encontrarse esparcida por todos los confines de la tierra, afligida y sometida a dura servidumbre,[65] la Iglesia necesita de esta virtud –la mansedumbre– más que de cualquier otra; y necesita de la importante recompensa ligada a ella, una recompensa que va más allá de cualquier otra expectativa: *"heredar la tierra"*, para suscitarla y promoverla en cada uno de nosotros. Pues ciertamente, ¿qué mejor y más apropiada recompensa puede haber para la mansedumbre que ésta? ¿Qué cosa más justa y adecuada que el hecho de que aquellos que se han visto machacados en el yunque de las injurias, aquellos que han sido –como afirma Séneca[66] de Sócrates[67], *viri perpessiti*[68]–, personas de enorme resistencia y capacidad de sufrimiento, capaces no sólo de soportar que les arrebataran sus bienes y posesiones terrenales con opresión y violencia, sino también de soportar verse

---

usada para representar el todo" o "el todo es usado para representar una parte".
[65] Deuteronomio 26:6.
[66] Se refiere al filósofo romano nacido en Córdoba, Hispania, Lucio Anneo Séneca [4-65], conocido también como Séneca el Joven, famoso por sus obras de carácter moralista. Fue tutor y consejero del emperador Nerón.
[67] Se refiere al filósofo griego Sócrates [470-399 a.C.] fundador de la filosofía ática, considerado uno de los más grandes tanto de la filosofía occidental como universal.
[68] Del latín: "Hombres de temple".

heridos en su honor y reputación con la afilada navaja de la injuria; y que todos han resistido con *spectantibus similes*,[69] es decir, con la paciencia propia de un espectador, sean levantados y confortados con la promesa de que todo aquello a lo que han tenido que renunciar por causa de su mansedumbre les será restituido y *"hereden la tierra"*? ¿Y que la acción divina, –que se complace en desbaratar y frustrar las prácticas del mundo– les hará herederos de aquellas posesiones que la mano de la violencia les había arrebatado?

ANTHONY FARINDON [1598-1658]
"The Caravan and the Temple", 1878

Los mansos. No los de espíritu altanero que remueven el mundo para conseguir sus propósitos, sino los mansos que sufren vapuleados de un rincón a otro sin que apenas puedan disfrutar de tranquilidad en parte alguna.

Heredarán la tierra. Esta tierra de la cual ahora se ven privados la poseerán para disfrutar de ella, y nadie podrá quitársela.[70] Puesto que la tierra es del Señor, y ellos son hijos del Señor, heredarán aquello que por derecho les pertenece. No pueden heredarla todavía porque el Señor todavía no la posee; pero cuando el Señor la haga suya de nuevo, la poseerán. No esa tierra mal-

---

[69] Del latín: *Actitud expectante.*

[70] AGUSTÍN DE HIPONA [353-429] ve en esta "tierra" la Jerusalén celestial: «Aquella tierra que tantas veces hemos mencionado: la Jerusalén santa, que liberada del actual peregrinar, vivirá eternamente con Dios y de Dios». Una opinión que comparte también CASIODORO [485-583]: «Los mansos poseerán la Jerusalén que está por venir, una ciudad repleta siempre de las más dulces bendiciones divinas y en la que sus habitantes no viven del fruto de su trabajo sino que se alimentan de deleitarse en Dios».

dita del mundo presente, no es así como la heredarán; sino cuando caiga de nuevo en manos del Señor y él la transforme de nuevo en tierra bendecida; entonces la heredarán como hijos benditos de la promesa.[71]

JOHN PENNINGTON, 1656

Y se recrearán con abundancia de paz. Cuando la gloria del Señor cubra la tierra, y los reinos de este mundo vengan a ser los reinos del Príncipe de Paz, y el Maligno sea arrojado al abismo, disfrutaremos, sin lugar a dudas, de una paz abundante y perpetua.

WILLIAM WILSON [1783-1873]
"The Book of Psalms: With an Exposition, Evangelical,
Typical, and Prophetical, of the Christian
Dispensation", 1860

ז [ZAYIN]
Vers. 12. *Maquina el impío contra el justo, y cruje contra él sus dientes.* *[Maquina el impío contra el justo, y rechina contra él sus dientes.* RVR77*] [Los malvados*

---

[71] A pesar de que John Pennington deja muy claro que la promesa de *"heredarán la tierra"* es de cumplimiento futuro, *"cuando el Señor la haga suya de nuevo",* cuando uno analiza ahora sus palabras a la luz de la historia: *"que sufren vapuleados de un rincón a otro sin que apenas puedan disfrutar de tranquilidad en parte alguna"* y *"esta tierra de la cual ahora se ven privados la poseerán para disfrutar de ella",* considerando la fecha en que las escribe: 1656, tan sólo 36 años después que los puritanos se vieran obligados embarcarse en el *Mayflower* (1620) para instalarse en nuevas tierras más allá del océano; uno no puede dejar de preguntarse hasta qué punto existe una relación subliminal entre una cosa y la otra.

conspiran contra los justos y crujen los dientes contra ellos. NVI] *[El impío trama contra el justo, y contra él rechina sus dientes.* LBLA]

Maquina[72] *el impío contra el justo.* ¿Por qué el impío no puede dejar al justo tranquilo? Porque hay enemistad ancestral y perpetua entre la simiente de la mujer y la de la serpiente.[73] Entonces, ¿Por qué no le ataca abiertamente? ¿Cuáles son sus motivos para recurrir a complots y maquinaciones? Porque es parte de la naturaleza de la serpiente actuar siempre de manera sutil; el maniobrar a cara descubierta, de forma llana y abierta, no es propio aquellos que navegan a bordo de la nave *"Apolión"*.[74]

Y cruje contra él sus dientes.[75] Los impíos demuestran con sus gesticulaciones aquello que realmente harían si pudieran. Si bien no consiguen triturar literalmente al justo, crujen sus dientes contra él; aunque no alcanzan a morderle, cuanto menos, ladran. Esto es precisamente lo que el mundo impío hizo con *"el Justo"*,[76] el "Príncipe de paz". Y sin embargo, él no ejecutó venganza alguna ni tomó represalias contra ellos, an-

---

[72] En hebreo זֹמֵם *zōmêm* de זָמַם *zâmam* "conspirar". Schökel lo traduce como "Intriga el malo contra el justo".
[73] Génesis 3:15.
[74] Simbólicamente *"El Barco del Infierno"* o *"La Embarcación de los condenados al infierno"*. El nombre *"Apolión"* significa en griego "el destructor" y se cita en Apocalipsis 9:11: *"Y tienen por rey sobre ellos al ángel del abismo, cuyo nombre en hebreo es Abadón, y en griego, Apolión"*.
[75] En hebreo: וְחֹרֵק עָלָיו שִׁנָּיו *wəḥōrêq 'ālāw šinnāw* de חָרַק *châraq*, "rechinar".
[76] Santiago 5:6.

tes bien enmudeció como cordero y no abrió su boca,[77] aceptando y soportando pacientemente todas las lesiones e injurias.

C. H. Spurgeon

Vers. 12, 13. Destaca como el gesto de los impíos de *"crujir sus dientes"* (37:12) es correspondido y replicado por la *"risa"* despreciativa del Señor (37:13) ante sus tácticas. Pues todos sus complots y maquinaciones desembocan en frustración y fracaso, algo que el Señor sabía de antemano que iba a suceder, aunque ellos se empeñaran en ignorarlo deliberadamente.

C. H. Spurgeon

Vers. 13. *El Señor se reirá de él; porque ve que viene su día.* *[El Señor se reirá de él; porque ve que le llega su día. RVR77] [Pero el Señor se ríe de los malvados, pues sabe que les llegará su hora. NVI] [El Señor se ríe de él, porque ve que su día se acerca. LBLA]*

El Señor se reirá de él. El cristiano no tiene por qué preocuparse por injurias inmerecidas. Le basta con dejar la venganza, sin duda sobradamente merecida, en la mano ejecutora de Dios. Él es quien finalmente ridiculizará y expondrá al escarnio toda la malicia de sus enemigos. Dejad que el burlador soberbio cruja sus dientes y eche espuma por la boca; porque le está llegando la hora de enfrentarse a uno de quien no logrará burlarse,

---

[77] Isaías 53:7.

a quien no conseguirá asustar con gesticulaciones, y de quien no se podrá reír; uno que plantará cara a sus amenazas y desvaríos con impasividad y desprecio.

Porque ve que viene su día. Los malvados no se dan cuenta de que su destrucción está muy cercana, pisándoles los talones; y se jactan de aplastar a otros, cuando en realidad, el pie de la justicia está ya levantado sobre ellos y dispuesto para hollarlos cual barro del camino. ¡Que escena tan irónica! Acorralados por un Dios airado, los pecadores maquinan contra sus hijos. ¡Pobres desgraciados! ¡Tratan de escapar de la afilada punta de la lanza de Jehová embistiendo contra ella!

C. H. Spurgeon

El Señor se reirá de él. El salmista detalla la reacción del Señor ante las penas y sufrimientos del justo con suma frialdad, lo describe meramente *riéndose*. Si valora nuestra salvación tanto como dice, ¿por qué no se involucra directamente en resistir la furia de nuestros enemigos y se opone vigorosamente a ellos? El Señor no acude de inmediato a desconcertar y confundir a los impíos, antes bien tolera sus acciones por un tiempo y detiene circunstancialmente su mano justiciera limitándose a reírse de ellos, como afirma también el salmo segundo,[78] porque está probando de manera adecuada nuestra paciencia. Y para que nuestra carne no murmure y se queje preguntándose por qué Dios se limita a reírse de los inicuos y no se venga de inmediato, el salmista añade la razón: Dios ve el día de su destrucción inminente, *"Porque ve que le llega su día."*

Juan Calvino [1509-1564]

---

[78] Salmo 2:4.

Porque ve que le llega su día. Al contemplar tan miserables gusanos, que se consideran a sí mismos tan prominentes sobre la faz de la tierra y actúan con tanta arrogancia dentro de su impotencia, Dios se ríe de ellos porque sabe que llega su día y que su fin está muy cerca.

Erns Wilhelm Hengstenberg [1802-1869)]
"Commentary on the Psalms, 1860

Porque ve que le llega su día. Su día fatídico, esto es, el día de su muerte que será también el día de su condenación.

John Trapp [1601-1669]
*"A commentary or exposition upon the books of Ezra,
Nehemiah, Esther, Job and Psalms",* 1657.

ח [Jet]

Vers. 14. *Los impíos desenvainan espada y entesan su arco, para derribar al pobre y al menesteroso, para matar a los de recto proceder.* *[Los impíos desenvainan espada y entesan su arco, para derribar al pobre y al menesteroso, para matar a los de recto proceder.* RVR77*] [Los malvados sacan la espada y tensan el arco para abatir al pobre y al necesitado, para matar a los que viven con rectitud.* NVI*] [Los impíos han sacado la espada y entesado el arco, para abatir al afligido y al necesitado, para matar a los de recto proceder.* LBLA*]*

Los impíos desenvainan espada y entesan su arco, para derribar al pobre y al menesteroso, para matar a los de recto proceder. Desenfundan su arma y aguardan el momento oportuno para usarla.

Entesan su arco. Parece ser que con una sola arma no les basta, por ello llevan consigo otra lista para entrar en acción: un arco tan potente que tienen que ponerse de pie encima del mismo para conseguir tensarlo; no quieren arriesgar en lo más mínimo a que les falte la potencia de disparo suficiente a la hora de:

Derribar[79] *al pobre y al menesteroso.* Éste es su juego, éste es el propósito de su ponzoñosa malicia. Estos cobardes no atacan a sus iguales, sino que se ensañan con aquellos quienes no pueden defenderse por sí mismos a causa de su bondad de espíritu y sus limitados recursos humanos. Fijaos, si no, cómo nuestro manso y humilde Salvador fue acosado por enemigos crueles, provistos de toda clase de armas para darle muerte.

Para matar a los de recto proceder. Es decir, a los que viven y obran con rectitud. Nada que no sea derrocar y dar muerte al justo bastará para satisfacer las ansias del malvado. Las personas sinceras y de recto proceder atraen el odio de los intrigantes y son el objetivo de hábiles maquinadores que se deleitan en la injusticia. Contemplad, pues, a los enemigos de los justos, doblemente armados, y os daréis cuenta de cuán ciertas resultan las palabras del Señor cuando dijo: *"Si fuerais del mundo, el mundo amaría lo suyo; pero porque no sois del mundo, antes yo os elegí del mundo, por eso el mundo os aborrece".*[80]

C. H. Spurgeon

---

[79] En hebreo לְהַפִּיל *ləhappîl* de נָפַל *nâphal*, "abatir".
[80] Juan 15:19.

Vers. 14, 15. La lengua es *espada* afilada[81] y *arco* entesado[82] que lanza sus dardos envenenados contra los humildes y los justos, contra Jesús y sus seguidores. Pero esas mismas armas se vuelven contra ellos. Nadie ignora cómo la maldad de los judíos se volvió contra ellos mismos y les cayó sobre sus propias cabezas, a pesar de que pocos lo tienen en cuenta como ejemplo y lo guardan como tal en su corazón.

GEORGE HORNE [1730-1792]
"A Commentary on the Psalms in which Their Literal Or Historical Sense, as They Relate to King David, is Illustrated", 1825.

Vers. 14,15. Cuanto más cerca están los malos de culminar sus fechorías contra el pueblo de Dios, más cerca están de que el castigo caiga sobre ellos.

DAVID DICKSON [1583-1663]
"Explanation of the First Fifty Psalms", 1653

Vers. 15. *Su espada entrará en su mismo corazón, y su arco será quebrado.* [Su espada entrará en su mismo corazón, y su arco será quebrado. RVR77] [Pero su propia espada les atravesará el corazón, y su arco quedará hecho pedazos. NVI] [Su espada penetrará en su propio corazón, y sus arcos serán quebrados. LBLA]

Su espada entrará en su mismo corazón. Como Amán, serán colgados en su propia horca, que él levantó para col-

---
[81] Salmo 64:3; Proverbios 12:8.
[82] Jeremías 9:3,8.

gar a Mardoqueo.⁸³ Así ha sido, cientos de veces a lo largo de la historia. Saúl, que buscaba la manera de matar a David, murió echándose sobre su propia espada;⁸⁴ y el arco, su arma favorita, cuyo uso enseñó a los hijos de Israel, no pudo librarle en Gilboa⁸⁵.

*Y su arco será quebrado.*⁸⁶ Sus maquinaciones y sus elucubraciones malignas resultarán inútiles. La malicia se excede y se aniquila a sí misma, bebiendo de la copa envenenada que había dispuesto para otro y ardiendo en el fuego que había encendido para abrasar a su prójimo. ¿Por qué hemos de inquietarnos ante la prosperidad de los malvados cuando, en realidad, sabemos que todos sus esfuerzos encaminados a perjudicar y destruir a los santos se volverán contra ellos mismos? Por ello los nueve versículos siguientes (37:16-24) van dedicados a describir el carácter y dicha de los justos, aunque con algunos puntuales y breves toques tenebrosos acerca de la ruina de los malvados que iluminan la escena con claridad meridiana.

C. H. Spurgeon

---

[83] Ester 7:9-10.
[84] 1ª Samuel 31:4.
[85] 2ª Samuel 1:17-27. La KJV traduce el versículo 18 de esta manera: *"Also he bade them teach the children of Judah the use of the bow";* aunque la traducción más correcta parece ser: *"Lo llamó el «Cántico del Arco» y ordenó que lo enseñaran a los habitantes de Judá",* NVI.
[86] Matthew Henry [1662-1714] ve una relación conceptual entre este versículo y el diecisiete. No tan solo: «*"Su arco será quebrado"* (v. 15b); sino más aún, *"sus brazos serán quebrados"* (v. 17), de forma que no podrán seguir adelante con sus perversas maquinaciones».

ט [Tet]

Vers. 16. *Mejor es lo poco del justo, que las riquezas de muchos pecadores.* [*Más vale lo poco del justo, que las muchas riquezas del impío.* RVR77] [*Más vale lo poco de un justo que lo mucho de innumerables malvados.* NVI] [*Mejor es lo poco del justo que la abundancia de muchos impíos.* LBLA]

Mejor es lo poco del justo, que las riquezas de muchos pecadores ¡Un excelente proverbio! Lo poco de un solo justo se equipara con las abundantes riquezas de numerosos impíos, lo que añade fuerza a la moraleja haciéndola mucho más convincente y persuasiva. Hay mucha más alegría y felicidad en un plato de cardos y abrojos, austero pero piadoso, que en el mejor cocinado y adobado guiso de buey ingerido por juerguistas profanadores. La palabra hebrea original que traducimos por *"riquezas"*[87] tiene el sentido de murmullo, del ruido que hacen las multitudes alborotadas, como si quisiera indicar el barullo y algarabía de los banquetes de los ricos en contraste con la sosegada quietud de la humilde porción de los santos. Preferimos pasar hambre con Juan el Bautista[88] que festejar con Herodes;[89] mejor alimentarse de la escasez de los profetas en la silenciosa cueva de Abdías que alborotarnos junto a los sacerdotes de Baal.[90] La felicidad del hombre no consiste en los montones de oro que tenga almacenados. El conten-

---

[87] En hebreo מֵהֲמוֹן *mêhămōwn* de הָמן *hâmôn:* "ruido de una multitud, tumulto, confusión".
[88] Mateo 3:4.
[89] Marcos 6:21.
[90] 1ª Reyes 18:4,26.

to halla *"multum in parvo"*, "mucho en lo poco", en tanto que al corazón malvado no le basta el mundo entero.

C. H. Spurgeon

Mejor es lo poco del justo, que las riquezas de muchos pecadores. A los que no son de Cristo se les concede el uso temporal de las cosas de este mundo pero no cabe decir que las disfruten en propiedad. Da la impresión aparente de que las dominan y se enseñorean de ellas, pero en realidad son sus esclavos. No les es aplicable el verbo *dominari,* sino *servire,* pues no ostentan el mando sino que más bien están bajo servidumbre. Tampoco puede decirse que el uso que hacen de ellas les resulte agradable, que se sientan cómodos y satisfechos; aparentan satisfacción, pero no es más que un fingimiento, pues la verdadera satisfacción mana de otra fuente distinta. La satisfacción verdadera es porción exclusiva de aquellos a los que se imputa la justicia de Cristo. Para ellos todos los disfrutes temporales en esta tierra son primicia del amor divino, prenda y primicia de la futura gloria eterna que un día recibirán, porque fue comprada para ellos por la sangre y la justicia de Cristo. ¡Sí! Él es el verdadero manantial de todo consuelo, la fuente auténtica de toda satisfacción, más valiosa que la vida misma. ¡Oh, qué consuelo tan grande emana de paladear la dulzura del amor de Cristo en todo goce terreno, en cada una de las cosas de las que disfrutamos, grandes o pequeñas! Cuando estamos en situación de poder exclamar: *"Cristo me amó, y se entregó a sí mismo por mí para que pudiera gozar de todas estas bendiciones".*[91] ¡Oh! ¡Cómo eleva y enaltece esto el valor de cualquier cosa, el disfrute de cualquier don o miseri-

---

[91] Gálatas 2:20.

cordia común! La justicia consumada por Cristo, máxima expresión de su amor, nos permite exclamar: ¡Él compró esto para que yo lo disfrutara! En esto se basa el salmista cuando exclama: *"Mejor es lo poco del justo, que las riquezas de muchos pecadores"*. Quien dispone únicamente de comida y vestido, pero tiene a Cristo, posee en este sentido mucho más que quien domina todo el Imperio Turco,[92] o atesora todo el oro de las Indias.[93] El *"poco"* de aquellos que han sido hechos justos en Cristo, proporciona mayor satisfacción y consuelo que el *"mucho"* de los pecadores.

DAVID CLARKSON [1621-1686]

Mejor es lo poco del justo, que las riquezas de muchos pecadores. Si tus posesiones son pocas pero están perfumadas con amor, vienen a ser como una cucharadita de azúcar: poca cosa pero suficiente para endulzar todo el líquido que hay en la taza confiriéndole un sabor agradable y haciéndolo bebible. Así como las aguas que fluyen de las colinas de las islas Molucas[94] adquieren el sabor del clavo y la canela que crece en ellas, así también tu don,

---

[92] En la época de su máximo esplendor (Siglos XVI y XVII, que es cuando se escribieron estas palabras), el Imperio Turco u Otomano se extendía por tres continentes, controlando buena parte del Sureste Europeo, el Medio Oriente y el norte de África, limitando al oeste con Marruecos, al este con el mar Caspio y al sur con Sudán, Eritrea, Somalia y Arabia.

[93] En el Siglo XVII, de cuando data el texto, los navíos cargados de oro y plata, especias y otras mercancías valiosas, surcaban constantemente los mares en dirección al continente europeo procedentes del continente americano, también conocido como Indias Occidentales.

[94] Se refiere al archipiélago de las MOLUCAS, situado entre Indonesia y Nueva Guinea, también conocidas como LAS ISLAS DE LAS ESPECIAS, en indonesio "Maluku"; famosas en los siglos XV y XVI

aunque sea sólo agua, sabe a la gracia especial y buena voluntad de su Dador. Lo *poco,* sumado al temor del Señor, es *mejor que las riquezas de muchos pecadores.* Así como un anillo pequeño, pero con un valioso diamante incrustado, es más valioso que otros anillos de mayor tamaño pero sin piedra engastada, así también tus limitadas posesiones, aunque no sean más que un centavo, cuando en cumplimiento de la promesa se les añada el valor incalculable de la preciosísima joya del amor divino, más sublime que la vida misma, se volverán más valiosas que todos los miles de millones que puedan poseer otros mortales.

George Swinnock [1627-1673]
"The Christian Man's Calling", 1665

Mejor es lo poco del justo, que las riquezas de muchos pecadores. Igual de posible resulta para los impíos llenar su cuerpo de aire y su pecho de gracia, que su mente de riqueza. Sucede con ellos como con los barcos que transportan oro y plata, que pueden estar sobrecargados y a punto casi de hundirse, y con todo, aún queda espacio en las bodegas para albergar diez veces más carga. Así es también con el desgraciado codicioso, que aunque tenga riqueza bastante para hundirse con ella, con todo, no le parece bastante como para sentirse satisfecho, y quiere más. Esto es lo que llevó al salmista a una conclusión que vale la pena tomar muy en cuenta: *"Mejor es lo poco del justo, que las riquezas de muchos pecadores".* Fijaos que no habla de cantidades, no especifica a cuánto asciende lo poco del justo ni cuánto suman las riquezas de los pecadores; simplemente nos dice que lo poco del justo,

---

porque en ellas se cultivaban especies muy apreciadas cono la nuez moscada y el clavo de olor (Syzygium aromaticum).

sea lo que sea y valga lo que valga, es más valioso que lo mucho de los pecadores, aunque posean todos los tesoros de este mundo. El Rey de España,[95] pese a poder considerarse sin duda el más grande de los príncipes de la cristiandad, en tanto que posee un imperio tan extenso que le permite afirmar con propiedad que en sus dominios no se pone el sol,[96] tiene como *"motto"* o "lema": *"Non sufficit Orbis"*[97], "El mundo nunca es suficiente". Dios nos dice por boca de Salomón que: *"En la casa del justo hay gran abundancia"*[98], a pesar de que muchas veces no haya en ella siquiera un mísero lecho para acostarse ni una silla donde sentarse. Llegará el día en que los hombres más ricos de la tierra descubrirán que su cuenta final presentaría un saldo negativo mucho menos abultado —y en consecuencia su condición frente a la eternidad sería mucho menos comprometida— si en vida hubieran sido lo suficientemente pobres como para tener que ir mendigando pan de puerta en puerta. Pero con las bendiciones de este mundo otorgadas a los justos, sucede lo mismo que con los guantes perfumados: a veces han sido perfumados con un perfume tan valioso que vale más el perfume que la piel de la que están hechos los guantes; así también

---

[95] Por las fechas suponemos que se está refiriendo a Felipe IV [1605-1665], hijo de Felipe II y Margarita de Austria, que reinó entre 1621 y 1665.

[96] Solía decirse durante el reinado de Felipe II «en el Imperio nunca se pone el Sol», el imperio español, que abarcaba territorios en Europa, América y Asia, y era lo suficientemente extenso para que siempre alguna zona del mismo tuviera luz solar.

[97] Lema utilizado por el monarca español Felipe II durante su reinado (1556-1598) para expresar la idea de que en el imperio español no se ponía el sol, aunque el parecer el lema fue adoptado ya por su padre el emperador Carlos V.

[98] Proverbios 15:6.

esas bendiciones terrenales no valen gran cosa en sí mismas, pero cuando están perfumadas con el dulce amor de Dios en Cristo, las hace bendecidas y bendecidoras, verdaderamente merecedoras de su nombre. Digamos, pues, que todas las bendiciones terrenales otorgadas a aquellos que como María de Betania han escogido la buena parte,[99] son bendiciones perfumadas; y en consecuencia, el pan que comen, aunque sea duro; las ropas que visten, aunque sean simples harapos; y el hogar en que viven, aunque sea una choza; proceden, juntamente con todas las demás bendiciones temporales, de la misma fuente: Del dulce amor de Dios que le llevó a otorgarles Salvación en Cristo Jesús: *"El que no escatimó ni a su propio Hijo, sino que lo entregó por todos nosotros, ¿cómo no nos dará también con él todas las cosas?"*[100].

JOHN GLASCOCK [¿?-1661]
Sermón titulado *"Mary's choice, or, The choice of the truly godly person opened, and justified"*
predicado en el funeral de Anne Petter, mujer del reverendo John Petter, pastor de la iglesia de Hever, (Kent), el 26 de Abril de 1658

Vers. 16, 17. Lo poco bendecido es mejor que lo mucho maldito, una libra con bendición es mejor que mil libras malditas, un pedazo de pan duro bendito es mejor que un festín maldito, una espiga bendita es mejor que toda la cosecha maldita, una gota de misericordia bendita es mejor que un océano de misericordia maldito, las migajas benditas de Lázaro son mejores que los delicados manjares malditos del rico Epulón, lo poco bendito de Jacob es

---

[99] Lucas 10:42.
[100] Romanos 8:32.

mejor que las grandes posesiones de Esaú que fue maldito. Siempre son mejores simples sobras con bendición que maná y codornices con maldición, una mesa escasa pero con bendición es mejor que una mesa llena con asechanzas, un chaqueta harapienta con bendición es mejor que una capa de lino y púrpura con maldición, un agujero, una cueva, un foso, una cabaña, un rincón en la chimenea con bendición, es mejor que el mas suntuoso de los palacios con maldición; un gorro de lana bendito es mejor que una corona de oro maldita. Se dice que cierto emperador entendió esto con tanta claridad que en cierta ocasión mirando su corona con lágrimas en los ojos exclamó: «Si supierais los problemas que hay debajo de esa corona, jamás os atreveríais a ceñirla en vuestra cabeza». Así, pues, ¿qué razón tiene un cristiano para no sentirse satisfecho con lo poco, sabiendo que lo poco que tiene será bendecido? Isaac ara la tierra y siembra la semilla, y Dios le bendice dándole ciento por uno;[101] Caín ara la tierra y siembra la semilla, pero la tierra en la que ara y siembra ha sido maldita y se le ha ordenado que retenga su vigor, por lo que no le da fruto alguno.[102] Un cristiano nunca debe murmurar porque tiene poco, más bien ha de bendecir al Dios que ha bendecido lo poco que tiene.

THOMAS BROOKS [1608-1680]
"The Unsearchable Riches of Christ", 1655

Vers. 17. *Porque los brazos de los impíos serán quebrados; mas el que sostiene a los justos es Jehová.* [*Porque los brazos de los impíos serán quebrados; mas el que*

---

[101] Génesis 26:12.
[102] Génesis 4:12

sostiene a los justos es Jehová. RVR77] *[Porque el brazo de los impíos será quebrado, pero el Señor sostendrá a los justos* NVI] *[Porque los brazos de los impíos serán quebrados; mas el Señor sostiene a los justos.* LBLA]

Porque los brazos de los impíos serán quebrados. Eventualmente el poder que ostentan para obrar el mal les será arrebatado, y los brazos que levantaron contra Dios aplastados hasta el último hueso. A menudo, Dios convierte en hombres incapacitados a los hombres implacables.[103] ¡Qué espectáculo puede haber tan desdeñable como el de contemplar a la malicia desdentada y a la malevolencia manca!

Mas el que sostiene a los justos es Jehová. Su causa y su rumbo están a salvo, porque están en buenas manos. La espada de dos filos golpea con dureza a los malvados en defensa del justo.

C. H. Spurgeon

Porque los brazos de los impíos serán quebrados; mas el que sostiene[104] *a los justos es Jehová*. Por *"los brazos de los impíos"*, podemos entender su fuerza y valor, su poder, su ingenio, su riqueza, su abundancia, todo eso que a fin de cuentas constituye simbólicamente los brazos con que ellos cuentan para apoyarse y sostenerse en el mundo.

---

[103] El texto original inglés hace aquí un juego de palabras entre *"implacable"* e *"incapable"*: "implacable" e "incapacitado": *"God often makes implacable men incapable men"*.

[104] En hebreo וְסוֹמֵךְ *wəsōwmêk* de סָמַךְ *sâmak*, "brindar un punto de apoyo" o "dar soporte". Por ello algunos traducen más literalmente *"el que lo empuja desde abajo"*. Kraus traduce: *"a los justos los apoya Yahvé"*.

Pues bien, esos brazos serán quebrados. Pero cuando estos brazos sean quebrados, y aún después de que hayan sido quebrados, Dios continuará sosteniendo a los justos; es decir, seguirá siendo una fuente sobreabundante de bien para los suyos; de manera que a ellos nunca les falte de nada, aunque los manantiales de todos los impíos que estaban a su alrededor se hayan secado.

Thomas Brooks [1603-1680]
"The Unsearchable Riches of Christ", 1655

' [Yod]
Vers. 18. *Conoce Jehová los días de los perfectos, y la heredad de ellos será para siempre.* *[Conoce Jehová los días de los íntegros, y la heredad de ellos será para siempre.* RVR77] *[El Señor protege la vida de los íntegros, y su herencia perdura por siempre.* NVI] *[El* Señor *conoce los días de los íntegros, y su herencia será perpetua.* LBLA]

Conoce Jehová los días de los perfectos. Su conocimiento previo de todas las cosas le lleva a reírse de los orgullosos ante su destino final; pero en el caso de los rectos anticipa un futuro mucho más esperanzador, y los trata como a herederos de salvación. Nuestro consuelo es siempre este: que Dios conoce todas las cosas y por tanto nada que afecte a nuestro futuro le tomará desprevenido. No hay flecha que pueda atravesarnos por accidente, no hay peligro que pueda golpearnos de forma inadvertida, ni mal fortuito que pueda afectarnos en el tiempo o en la eternidad. Nuestro futuro no será más que un desarrollo ininterrumpido de las cosas buenas que el Señor tiene preparadas de antemano para nosotros.

Y la heredad de ellos será para siempre. Es decir, su herencia no se desvanece. Va ligada a ellos de tal forma que nadie pueda arrebatársela; y preservada de tal modo que nadie puede destruirla. La eternidad es atributo peculiar de la porción de los creyentes: Lo que tienen aquí abajo en la tierra ya lo tienen seguro, pero lo que poseerán en los cielos será suyo para siempre jamás.

C. H. Spurgeon

Conoce Jehová los días de los perfectos. Es decir, deposita y custodia sus días, los pone a resguardo; éste es el sentido o significado de la frase en el texto hebreo: יֹדֵעַ יְהוָה יְמֵי תְמִימִם *yōḏêa 'Yahweh yəmê təmîmim.* [105]

John Fry [1792-1822]
"A Translation and Exposition of the Psalms
on the principles adopted in the posthumous work of Bishop
Horsley", 1842

Conoce Jehová los días de los perfectos. Y puesto que él los conoce no pueden ser alterados ni acortados por la maldad de los hombres.

William Wilson [1783-1873]
"The Book of Psalms: With an Exposition, Evangelical, Typical, and Prophetical, of the Christian
Dispensation", 1860

---

[105] Diodoro de Tarso [¿?-392] lo interpreta de este modo: «Este *"Conoce"*, significa decir que los considera y hace suyos, como leemos en el salmo primero: *"Porque Jehová conoce el camino de los justos"*, es decir, lo hace o considera suyo».

Vers. 19. *No serán avergonzados en el mal tiempo, y en los días de hambre serán saciados.* *[No serán avergonzados en tiempo de escasez, y en los días de hambre serán saciados.* RVR77*] [En tiempos difíciles serán prosperados; en épocas de hambre tendrán abundancia.* NVI*] [No serán avergonzados en el tiempo malo, y en días de hambre se saciarán.* LBLA*]*

No serán avergonzados en tiempos difíciles. Padecerán calamidades, pero detrás de las mismas vendrá siempre la liberación. Si bien es cierto que los justos no pueden considerarse inmunes a las tormentas, a las dificultades y tribulaciones, no es menos cierto que cuando les corresponda soportar su porción de tormentas no saldrán decepcionados, sino que se entregarán de lleno a las manos de Dios, las tormentas servirán para demostrarles la fidelidad y el amor de Aquel en quien han confiado. Dios no pertenece a esa clase de amigos que solamente están a nuestro lado cuando brilla el sol, es un amigo de verdad, y por tanto también está en tiempos de necesidad.

Y en los días de hambre serán saciados. En el día de la aflicción y la congoja, su tinaja de viandas y su vasija de aceite[106] seguirán llenas; y aún cuando los cuervos no les traigan pan y carne[107] lo necesario para cubrir sus necesidades vendrá de otra parte, porque no les habrá de faltar el pan.[108] Nuestro Señor se apoyó en esta promesa cuando sentía hambre en el desierto, y por medio de la fe en ella rechazó al tentador; y a nosotros ha de servirnos también para enfrentar toda inquietud que pueda llevarnos a caer

---

[106] 1ª Reyes 17:14.
[107] 1ª Reyes 17:6.
[108] Deuteronomio 8:3.

u obrar el mal. Nuestra heredad está en la Providencia divina, por tanto, no tenemos motivo para preocuparnos acerca de las cosechas y del precio del trigo. El mildiu, el carbón de la espiga, la cizaña o cualquier otra plaga, están todas ellas en las manos de Dios. La incredulidad no es capaz de salvar una sola espiga de la destrucción; la fe, si bien tampoco puede por sí misma preservar la cosecha, puede hacer algo mucho más importante y mejor, a saber, preservar nuestro gozo en el Señor.

C. H. Spurgeon

כ [Kaf]
Vers. 20. *Mas los impíos perecerán, y los enemigos de Jehová como la grasa de los carneros serán consumidos; se disiparán como el humo.* [*Mas los impíos perecerán, y los enemigos de Jehová como la lozanía de los prados serán consumidos; se disiparán como el humo.* RVR77] [*Los malvados, los enemigos del Señor, acabarán por ser destruidos.* NVI] [*Pero los impíos perecerán, y los enemigos del Señor serán como la hermosura de los prados; desaparecen, se desvanecen como el humo.* LBLA][109]

---

[109] Se trata de un texto complejo y muy debatido. La *Septuaginta* lee: ὅτι ὁ ἁμαρτωλός ἀποόλλύω ὁ δέ ἐχθρός ὁ κύριος ἅμα ὁ δοξάζω αὐτός καί ὑψόω ἐκλείπω ὡσεί καπνός ἐκλείπω; y la *Vulgata*: "*quia peccatores peribunt inimici vero Domini mox honorificati fuerint et exaltati deficientes quemadmodum fumus defecerunt*"; que equivale en español a: "Porque los pecadores perecerán, mas los enemigos del Señor luego que fueren honrados y ensalzados, serán desechos enteramente como el humo". Sin embargo el texto masorético se aleja de esta traducción, por lo que tanto la KJV como la Reina-Valera, ajustándose al mismo y probablemente también a una nota en el Tárgum que transcribe Spurgeon, tradu-

Mas los impíos perecerán. Aunque fuegos fatuos y luces fantasmagóricas iluminen de forma burlesca su presente, su futuro es negro y oscuro como la noche más tenebrosa. El juicio en su contra ha concluido, la sentencia ha sido dictada, y están en capilla pendientes de ejecución. Dejad pues que pavoneen sus telas de escarlata y luzcan sus vestidos de lino fino, que viajen día tras día rodeados de suntuosidad; porque la espada de Damocles[110]

---

cen: *"Mas los impíos perecerán, y los enemigos de Jehová como la grasa de los carneros serán consumidos; se disiparán como el humo".* Sucede sin embargo que el término hebreo כָּרִים *kārîm* de כַּר *kar* igualmente puede traducirse por "carnero" que por "prado", y la mayoría de exégetas modernos de inclinan por lo segundo. KRAUS traduce: "como la hermosura de los prados pasan, se desvanecen en humo"; y SCHÖKEL: "se marchitarán como el verdor de un prado, en humo se disiparán". Como puede comprobar el lector, prácticamente todas las versiones actualizadas (incluidas la RVR 1977 y LBLA) se inclinan por la idea de *"prado"*, a excepción de la NVI que lo suprime todo y traduce simplemente *"los enemigos del Señor, acabarán por ser destruidos"*.

[110] Se refiere a DAMOCLES, al parecer un cortesano en la corte de Dionisio II, de Siracusa (Sicilia) del siglo IV a.C. Propagó que Dionisio era realmente afortunado al disponer de tan gran poder y riqueza. Dionisio, deseoso de escarmentar al adulador, se ofreció a intercambiarse con él por un día, de forma que pudiera disfrutar de primera mano su suerte sentándose en su propia silla. Dispuso que se celebraría un banquete donde Damocles fuera servido como el propio rey. Pero al final de la comida, le indicaron que mirara hacia arriba y vio que había una afilada espada colgando sobre su cabeza atada por un único pelo de crin de caballo. Se le quitaron todas las ganas de ser rey y pidió al tirano abandonar su puesto, diciendo que ya no quería seguir siendo tan afortunado. Sobre esta historia o leyenda se acuñó la frase *"La espada de Damocles"* para ilustrar la inseguridad en que se instalan aquellos que ostentan el poder, pues se arriesgan no sólo a perder su poder sino también la vida.

pende sobre sus cabezas, y si tuvieran dos gramos de entendimiento su regocijo se transformaría súbitamente en desdicha.

Los enemigos de Jehová como la grasa de los carneros. Como la grasa y el sebo de los sacrificios que eran quemados en su totalidad sobre el altar, así desaparecerán los impíos del lugar de honor y orgullo que ahora ocupan. *¿Y cómo podría ser de otra manera? Si el rastrojo se atreve a contender* contra la llama ¿qué final cabe imaginar que le espera?

Serán consumidos, se disiparán como el humo. Sí, como la madera seca; como un montón de hojarasca, cual carbones encendidos pronto se extinguirán y para siempre, porque *se disiparán como el humo.*[111] Un soplo será la conclusión de todos sus alardes, una estafa el punto y

---

[111] Dice Agustín de Hipona [353-429]: «Fijaos en lo adecuado de la comparación. El humo surge del fuego como una estrecha columna, y a medida que se va elevando se va ensanchando más y más tomando forma de burbuja; pero cuanto mayor se va haciendo la burbuja, cuanto más espacio abarca, más tenue se vuelve y menor en su intensidad, hasta que finalmente se desvanece y de aquella columna impresionante que se elevaba majestuosa no queda nada, se diluye y desaparece. Así es también con los enemigos del Señor, apenas alcanzan la plenitud de su gloria y exaltación, se desvanecen como humo. De esta clase de personajes escribe el apóstol: *"De la manera que Janés y Jambrés resistieron a Moisés, así también éstos resisten a la verdad; hombres corruptos de entendimiento, descalificados en cuanto a la fe"* (2ª Timoteo 3:8). ¿Y cómo se enfrentaron a la verdad sino hinchiéndose a sí mismos de soberbia como hace el humo? Creando su propia burbuja, ensalzándose, presentándose como grandes personajes, sabios e importantes, engrandeciéndose y elevándose por encima de todo, como hace el humo. ¿Y qué dice el apóstol que les sucedió? Que no llegaron muy lejos, porque todo el mundo se dio cuenta de su insensatez. Se desvanecieron como el humo».

final de todas sus estafas, un pufo el término de todos sus pufos; sus jactancias acabarán en humo. Se engordaron a sí mismos y perecieron a causa de su propia grasa. Se hicieron consumidores de todo lo placentero y al final consumidos acabarán ellos mismos.

C. H. Spurgeon

Como la grasa de los carneros. Como la gloria efímera de los carneros engordados que son finalmente sacrificados.

El Targum[112]

Como la grasa de los carneros. Como la grasa de los sacrificios que era quemada y consumida por completo por el fuego del altar (un tipo de la venganza de Dios sobre los pecadores) hasta que se disolvía y desaparecía convertida en humo; así los malvados serán sacrificados por la justicia divina y destruidos por el fuego de su indignación.

Thomas Scott [1747-1821]
"Commentary on the Holy Bible: The Holy Bible with Explanatory Notes, Practical Observations, and copious Marginal References", 1807

---

[112] Un Targum (en hebreo: תרגום, plural "tárgumim") era una traducción al arameo de la Biblia hebrea compilada desde el período del Segundo Templo hasta principios de la Edad Media. Además de "traducción", también significa "interpretación", por lo cual el Targum incluía con frecuencia notas aclaratorias y exegéticas a pie de página o incluso añadidas al texto, convirtiéndolo en una versión parafraseada de la Biblia. Los más conocidos son el "Targum de Onquelos" de la Torá y el "Targum de Jonathan" de los profetas, que incluía el resto de libros llamados proféticos entre los que se cuentan los Salmos.

Serán consumidos; se disiparán como el humo. «¿De qué nos ha servido nuestro orgullo?» o «¿Qué bien nos han aportado las jactancias en nuestras riquezas?» Estas son las preguntas que se formularán en el infierno los que han pecado. Porque la esperanza de los impíos es cual cardo seco arrastrado por el viento; espuma esparcida sobre las olas; humo que arrastra el viento de un lugar a otro; o el recuerdo que guarda el caminante de un solo día.

Wouter van Stoelwijk [¿?-1541]
en una carta-testamento dirigida a los demás creyentes
previa a su martirio en la hoguera el 24 de Marzo de 1541

ל [Lámed]
Vers. 21. El impío toma prestado, y no paga; mas el justo tiene misericordia, y da. *[El impío toma prestado, y no devuelve; mas el justo tiene misericordia, y da.* RVR77] *[El impío pide prestado y no paga, mas el justo es compasivo y da.* NVI] *[El impío pide prestado y no paga, mas el justo es compasivo y da.* LBLA][113]

El impío toma prestado, y no paga. En parte porque no quiere, pero mayormente porque no puede. Al derroche sigue siempre la necesidad, pero la deuda contraída permanece latente y pendiente de finiquitar. Esta es la causa por la que muchos ricos se ven con frecuencia sumidos en la más paupérrima pobreza. El coste de sus caprichos extravagantes les conduce a la puerta de los usureros y finalmente a la quiebra.

---

[113] Kraus lo traduce de ese modo: *"El impío tiene que pedir prestado y no puede pagar, pero el justo puede dispensar y dar"*.

Mas el justo tiene misericordia, y da. Ha recibido en misericordia y por tanto da con misericordia. Ello le hace generoso y a la vez próspero; no figura en la lista de deudores sino en la de los donantes. En todo lo que le resulta posible dentro de sus límites, el justo presta oído a todas las necesidades que le son expuestas; y en lugar de empobrecerse por lo que da, su riqueza aumenta y cada vez está en posición de poder dar más.[114] Y no da para facilitar la ociosidad y proteger la holgazanería, sino con justa misericordia allí donde ve una verdadera necesidad. Este texto nos sugiere que en general siempre es mucho mejor cosa dar que prestar, pues la mayor parte de las veces el préstamo acaba transformándo-

---

[114] Pero AGUSTÍN DE HIPONA [353-429] se pregunta: «¿Y si el justo es pobre y no tiene nada que dar? Nunca sucede así. Pues aunque materialmente puede ser pobre, si miras a las riquezas con los ojos de la fe verás que es inmensamente rico. No te limites a mirar sus arcas vacías, mira más bien su alma repleta de Dios. Exteriormente no posee nada, pero por dentro está lleno de amor. ¡Y por mucho amor que reparta y derroche, no alcanzará a agotarlo! El justo, si es rico en bienes terrenales y disfruta de abundancia, reparte generosamente de aquello que tiene. Pero si no posee bienes materiales, reparte cordialidad, consejos si alguien los necesita; se ofrece para ayudar en aquello en que pueda ser útil; y en última instancia, si su situación es tal que no puede ayudar con su trabajo ni dar consejos, siempre puede ayudar con sus deseos e intenciones, orando por aquel que sufre. Y con ello puede que sea todavía más útil que quien aporta ayuda material. Quien tiene su corazón lleno de amor, siempre encuentra formas, medios y oportunidades de colaborar. Esta es la expresión del amor que recibe el nombre de buena voluntad. Dios no nunca te pedirá más de aquello que te ha dado y que tienes depositado en tu interior. Pero te exige gratitud y buena voluntad. De modo que tu buena voluntad, que es el tesoro de los pobres, nunca debe quedar ociosa».

se en un donativo forzoso, por lo que siempre resulta mucho mejor anticipar el desenlace y con un poco de longanimidad prevenir lo inevitable. Si las dos frases de este versículo retratan a los impíos y a los justos, el autor de estas líneas tiene razones sobradas para concluir que en la ciudad de Londres los impíos son muy numerosos.

C. H. Spurgeon

Y no paga.[115] No paga porque no puede debido a las difíciles circunstancias que atraviesa, que le impiden devolver lo que había tomado prestado. Es interesante ver la diferencia con el justo según se describe en Deuteronomio.[116] En semejantes circunstancias, en aquella época un judío se convert*ía en esclavo de sus acreedores.*[117]

Daniel Cresswell [1776-1844]

Vers. 22. ***Porque los benditos de él heredarán la tierra; y los malditos de él serán destruidos.*** *[Los que Dios bendi-*

---

[115] Agustín de Hipona [353-429] hace una interpretación distinta: «"El impío toma prestado, y no paga". Recibe y no devuelve. ¿Y qué es lo que no devuelve? Gratitud, acción de gracias (…) ¡Cuántas cosas recibe el pecador por las cuales no restituye ni aporta nada a cambio! La existencia, la racionalidad que lo separa de las bestias (…) Todo esto ha recibido prestado, pero no devuelve nada a quien se lo prestó. Sí, recibe prestado y no paga. Y no tan solo no paga, no tan solo no devuelve gratitud por lo recibido, mucho peor aún, devuelve males por bienes: rencor, blasfemias, maldiciones en contra de Dios.».
[116] Deuteronomio 28:12.
[117] Ver 2ª Reyes 4:1.

ce heredarán la tierra; y los que él maldice serán destruidos. RVR77] *[Los benditos del Señor heredarán la tierra, pero los que él maldice serán destruidos.* NVI] *[Porque los que son bendecidos por el Señor poseerán la tierra, pero los maldecidos por él serán exterminados.* LBLA]

Porque los benditos de él heredarán la tierra. Después de todo, en la bendición de Dios está la verdadera riqueza. La felicidad verdadera, como la que el Pacto garantiza a todos los elegidos en el cielo, descansa envuelta en el favor divino.
Y los malditos de él serán destruidos.[118] Su destino es la muerte; no, peor aún, el infierno.

C. H. Spurgeon

Porque los benditos de él heredarán la tierra. Dios promete que la simiente de su pueblo heredará la tierra. El hijo de semejante arrendatario que tan puntualmente pagado su renta no será desalojado de su granja.

John Glascock [¿?-1661]
Sermón titulado *"Mary's choice, or, The choice of the truly godly person opened, and justified"*
predicado en el funeral de Anne Petter, mujer del reverendo John Petter, pastor de la iglesia de Hever, (Kent), el 26 de Abril de 1658

---

[118] Estamos en el mismo caso al que hacíamos referencia al comentar el versículo nueve con respecto al verbo hebreo יִכָּרֵתוּ *yikkārêṯūn* de כָּרַת *karath*: "cortados, separados", o "excluidos, exterminados". Schökel traduce: *"Los que el Señor bendice poseerán una tierra, los que él maldice serán excluidos"*. Kraus: *"Porque aquellos a quienes él bendice, poseen la tierra, pero los maldecidos por él, son exterminados"*.

מ [MEM]
Vers. 23. Por Jehová son ordenados los pasos del hombre, y él aprueba su camino. *[Por Jehová son afianzados los pasos del hombre, y él aprueba su camino. RVR77] [El Señor afirma los pasos del hombre cuando le agrada su modo de vivir. NVI] [Por el Señor son ordenados los pasos del hombre, y el Señor se deleita en su camino. LBLA]*

Por Jehová son ordenados[119] *los pasos del hombre.*[120] El curso entero de toda nuestra vida está cuidadosamente trazado, bondadosamente establecido, fijado y mantenido. No cabe decir que somos gobernados por un destino fatal o por azar caprichoso, pues cada uno de nuestros pasos está sujeto a un decreto divino.[121]

---

[119] El verbo hebreo כּוֹנָנוּ *kōwnānū* de כּוּן *kûn*, significa "afirmar, establecer". SCHÖKEL: *"El Señor asegura los pasos del hombre y se ocupa de sus caminos"*. KRAUS: *"Yahvé dirige los pasos del varón, él apoya a aquel cuyo camino le agrada"*.

[120] JOSÉ Mª MARTÍNEZ [1924-] nos hace notar en "Salmos Escogidos" que el término hebreo que aquí se traduce por *"hombre"* no es ninguno de los habitualmente usados para indicar al hombre en general (*Adam, ish, 'enosh*) sino גֶּבֶר *ḡeḇer*, "esforzado, batallador": «lo que suele implicar la idea de distinción (2ª Samuel 23:1) o excelencia moral (Job 34:7; Zacarías 13:7). Este matiz no se halla en todos los casos en que la palabra es usada por los autores del A.T., pero es claro en este texto».

[121] CHARLES E. COWMAN en el famoso devocional *"Manantiales en el Desierto"*, cuenta de GEORGE MÜLLER [1805-1898], famoso predicador y misionero inglés nacido en Prusia (apodado DE BRISTOL porque fue en esa ciudad es donde fundó el orfanato o albergue para niños que lo hizo famoso al sostenerlo totalmente sin pedir dinero nunca a nadie sino a través de la fe en Dios), siempre oraba a Dios y esperaba que Dios obrara y le mandara la respuesta para

Y el Señor se deleita en su camino. En la misma forma en que los padres se gozan y deleitan con los primeros pasos tambaleantes de su bebé. Todo aquello que concierne a un creyente es de interés para su Padre celestial. Dios se complace en contemplar los esfuerzos piadosos del alma empeñada en elevarse hacia el cielo. Ya sea en las pruebas como también en sus goces, Jesús mantiene comunión con los creyentes y se deleita en ser su compañero de viaje y confidente.[122]

C. H. Spurgeon

---

poder dar de comer a los niños, y nunca le faltó; cuenta también que en su Biblia personal tenía al lado de este versículo: *"Por el Señor son ordenados los pasos del hombre"* una anotación suya que decía: *"Y las paradas también".*

[122] Dice Agustín de Hipona [353-429]: «Para que el hombre se deleite en los caminos del Señor, es el mismo Señor quien dirige sus pasos. Puesto que si no los dirigiera, su depravación le llevaría a andar siempre por caminos errados y seguir veredas tortuosas (...) Y si estás andando por el camino del Señor, no esperes prosperidad ni anticipes glorias de este mundo. Porque él siempre anduvo en privaciones, aunque prometiera grandes cosas. Limítate a seguir sus pasos y no te preocupes de hacia dónde debes ir sino más de adónde debes llegar. En tu viaje tendrás que soportar privaciones temporales, pero alcanzarás goces eternos. Si piensas en la recompensa, ello te ayudará a soportar el esfuerzo. Los obreros de la viña habrían desfallecido y abandonado el trabajo de no ser por el salario que sabían que iban a recibir. Si tienes en mente lo mucho que vas a recibir, todas las tribulaciones y padecimientos presentes te parecerán poca cosa (...) En realidad, hermanos, a cambio de un descanso eterno sería justo un trabajo eterno; y por una felicidad eterna deberíamos padecer sufrimientos eternos. Pero de ser así ¿cuándo alcanzaríamos la felicidad eterna? Nunca. Es por eso que los padecimientos son temporales, para que una vez acabados estos podamos disfrutar de felicidad eterna (...) Además, Dios ha querido que nuestras angustias no sean sólo temporales, sino también cortas. Porque la vida del hombre es corta, y en ella los días de amarguras se combinan y com-

Y el Señor se deleita en su camino. Fijémonos en cómo el versículo cuatro nos alienta a deleitarnos en el Señor; mientras que aquí es el Señor quien se deleita en nosotros. ¿Y en qué se deleita? En nuestro camino. Y puesto que se deleita es nuestro camino; en el versículo treinta y cuatro se nos alienta a guardarlo, a *"guardar su camino"*. Estas antítesis resultan muy instructivas.

C. H. Spurgeon

Por Jehová son ordenados los pasos del hombre. Cuando el divino Piloto agarra el timón y fija el rumbo, el navío jamás se estrella contra una roca, ni queda varado en la arena, ni se abre una vía de agua que amenace con hundirlo en los mares; hay plena seguridad de que conducirá a todos sus pasajeros a buen puerto, sanos y salvos. Quien pronunció la frase que transcribo a continuación no era cristiano, y

---

pensan con los de alegrías; y estas son, sin duda, más abundantes y prolongadas que las tristezas. Los períodos de angustia son menos y más breves a fin de que los podamos aguantar. Pero aunque tuviéramos que pasarnos la vida entera sometidos a trabajos y afanes, a dolores y tormentos, en la cárcel, en pestilencias, en calamidades, pasando hambre y sed todos los días y a todas horas a lo largo de toda nuestra vida (2ª Corintios 11:26-27), seguiría siendo poca cosa en comparación de lo que esperamos. Pues transcurridos estos días de angustia llegará el reino eterno, la felicidad sin fin, seremos como los ángeles, alcanzaremos nuestra herencia con Cristo, y vendrá Cristo nuestro coheredero. ¡Qué recompensa tan inmensa nos aguarda por un esfuerzo tan limitado! (…) Si de veras amas el camino de Cristo y eres verdaderamente cristiano –pues cristiano verdadero es únicamente aquel que está dispuesto a seguir la senda por él trazada por medio de sus propios padecimientos– no busques vericuetos ni trates de ir por otro camino distinto al que él siguió. Te podrá parecer duro, pero es el camino verdadero. Tal vez otros te parezcan más placenteros, pero están plagados de ladrones y salteadores (Juan 10:1-15)».

sin embargo no creo que nadie se atreva a negar que una chispa de la divinidad penetró en su mente cuando exclamó: «El hombre que elige a Dios por compañero, viajará seguro por este mundo, un desierto poblado de numerosas bestias de presa en el que únicamente está seguro quien tiene a Dios por guía».[123] *¿Acaso no coincide esto* plenamente con la manera de expresarse de David en este salmo treinta y siete, donde manifiesta que jamás esperó alcanzar gloria alguna excepto cuando era guiado por el consejo divino? Pues bien, si un pobre pagano fue capaz de decir esto y enumerar las muchas y buenas razones para confiar en Dios y admirar su fidelidad, como hace frecuentemente en sus escritos (y cabe decir que lo mismo hace también Séneca, justificando la fidelidad de Dios en todos sus tratos con los hombres buenos pese a sus sufrimientos, frente la prosperidad de los malvados), ¿qué no habremos de decir los cristianos, que tanto sabemos y tanto hemos experimentado de esta fidelidad de Dios en respuesta a nuestra oraciones, en el cumplimiento de sus promesas, y en suplir todas nuestras peticiones?

JAMES JANEWAY [1636-1674]
"Heaven upon Earth; or the Best Friend in the Worst Times", 1670

Vers. 23, 24. *¡Qué extraño suena todo esto! Aquí se nos dice que los pasos del hombre son "ordenados"* por un Ser Todopoderoso que se *"deleita"* en su modo de vivir (37:23). Y sin embargo del texto siguiente (37:24), inferimos que ese hombre bueno y justo es probable que *caiga*, y que cuando esto suceda, su Dios y Guía se limite a contemplarlo y permitirlo sin hacer nada concreto al

---

[123] Aristóteles, Epístola 27.

respecto, simplemente quedándose a la espera. Permitidme, por tanto, añadir con respecto a lo que sugieren estos dos versículos un par de referencias que nos ayudarán a establecer en nuestros corazones el principio de que un hijo de Dios puede caer, y no obstante, continuar siendo hijo de Dios; y a explicar también de algún modo por qué este proceso, bien sea ordenado o simplemente permitido, es parte inseparable de su porción, en tanto que se adscribe a la cadena de sucesos y etapas que configuran el *"camino derecho"* por el cual Dios los conduce a la *"ciudad habitable"*.[124] Casi en las postrimerías de la vida próspera del buen rey Ezequías, leemos que: *"En lo referente a los mensajeros de los príncipes de Babilonia, que enviaron a él para saber del prodigio que había acontecido en el país, Dios lo dejó,*[125] *para probarle, para hacer conocer todo lo que estaba en su corazón"*.[126] Y en las profecías de Daniel concernientes a los últimos días, encontramos que: *"algunos de los sabios caerán para ser depurados y limpiados y emblanquecidos"*.[127] Y en los dos versículos precedentes a este mismo capítulo de Daniel hallamos muchos detalles valiosos referentes a tales caídas: como el tipo de ayuda con la que Dios les sostendrá; las lisonjas con que el mundo tratará de seducirles para imposibilitar que se levanten de nuevo; las tribulaciones a las que se verán sometidos cual horno; su encumbrada posición (instructores de muchos) que sin embargo no les librará de verse sometidos a esas pruebas extremadamente duras; el tiempo determinado para ello; y el final previsto. De todo ello concluimos que el reco-

---

[124] Salmo 107:7.
[125] Como mejor traduce la NVI *"se retiró de él"*.
[126] 2ª Crónicas 32:31.
[127] Daniel 11:35.

nocimiento y admisión de la posibilidad de que el justo pueda caer, va acompañado de la preciosa seguridad de que *"no quedará postrado."* (37:24).

MARY B. DUNCAN [1825-1865]
"Under the Shadow", 1867

Vers. 24. *Cuando el hombre cayere, no quedará postrado, porque Jehová sostiene su mano.* *[Cuando cayere, no quedará postrado, porque Jehová sostiene su mano. RVR77] [Podrá tropezar, pero no caerá, porque el Señor lo sostiene de la mano NVI] [Cuando caiga, no quedará derribado, porque el Señor sostiene su mano. LBLA]*

Cuando el hombre cayere. "Aun cuando caiga" traduce la KJV. Puede que el creyente se vea envuelto en un torbellino de calamidades y reveses; puede que como Job pierda todo lo que tiene; que sea encerrado, como José en una putrefacta mazmorra; o arrojado como Jonás a las profundidades de la mar. Pero…

No quedará postrado. Podrá tropezar, pero no caerá; caer, pero no permanecerá postrado; de rodillas, pero no con el rostro pegado al suelo; y si de bruces por unos momentos, se levantará en breve. Ninguno de los santos del Señor caerá de manera definitiva. Puede que el dolor y la aflicción nos hagan morder el polvo, que la muerte nos arrastre a la tumba, pero más abajo ya no nos podemos hundir, y desde lo más hondo nos levantaremos a lo más encumbrado.

Porque Jehová sostiene su mano. Con una condescendencia sin igual, el Señor sostiene y da soporte a los santos con su propia mano. No delega su cuidado ni los deja en manos de servidores, los atiende personalmente. Incluso cuando caemos el Señor nos asiste en gran medida. Allí donde la gracia no evite que nos hundamos, nos salvará de que permanezcamos hundidos.[128] Job acabó al final con el doble riqueza de la que tenía, José reinó sobre todo Egipto, Jonás fue depositado en tierra sano y salvo. No es que los santos sean especialmente fuertes, sabios, o tengan el mérito de saber levantarse después de cada caída, sino que el Señor es su ayudador, y por tanto, no hay nada que prevalezca contra ellos.

C. H. Spurgeon

Cuando el hombre cayere, no quedará postrado, porque Jehová sostiene su mano. Así es como el Espíritu Santo conforta al creyente y responde a sus pensamientos secretos y a las dudas que surgen en su interior cuando reflexiona diciendo: "Es que yo he visto cómo esto sucedía con mis propios ojos, cómo el justo era oprimido y su causa pisoteada hasta el polvo por los inicuos". "No, hijo mío –le responde– no es así". Es cierto que el justo cae, pero no queda postrado; de uno u otro modo se recupera, a pesar de que el mundo entero lo ponga en duda. Porque Dios lo agarra de la mano y lo levanta de nuevo.

Martín Lutero [1483-1546]

Cuando el hombre cayere, no quedará postrado. Podrá tropezar y tambalearse, como quien sufre un desmayo pasajero, pero no será derribado ni destruido de forma

---

[128] Dice Teodoreto de Ciro [393-458]: «Resulta del todo imposible andar sin tacha por el camino de la virud sin contar con la gracia de Dios. En este sentido podemos decir que la gracia trabaja al unísono y total consonancia con aquellos que lo intentan, ya que para alcanzar la virtud se precisa contar con voluntad humana y auxilio divino a un mismo tiempo. Ello hace que quienes transitan por ese camino, cuando resbalan, cuenten con el soporte divino».

definitiva o para siempre;[129] y en modo alguno abandonado por Dios, pues *"el Señor le sostiene con su mano";* o dicho de otra forma: le agarra y lo coloca encima de la palma de su mano. La fortaleza y el poder divino impiden que cuando tropezamos sigamos cayendo, como sucedería inevitablemente y con rapidez si Dios no estuviera con nosotros para impedirlo.

THOMAS WILCOCKS [1549-1608]
"A Right Godly and Learned Exposition upon the whole Booke of Psalmes", 1586

Cuando el hombre cayere, no quedará postrado. La persona perdonada y justificada por la fe en Cristo aunque puede caer, y a veces cae, en pecados sucios, tales pecados nunca prevalecen como para revertir el perdón y dejándolo reducido a un estado de no-justificación.

Podrá tropezar, pero no quedará derribado, porque el Señor lo sostiene con su mano. El salmista nos habla aquí de un hombre bueno y justo, perdonado y justificado; y nos dice que puede caer. Pero, ¿hasta dónde puede caer? ¿Del perdón?, ¿De la justificación? No, puesto que de ser así quedaría definitivamente derribado y abandonado por la mano de Dios. Vemos en cambio que la frase siguiente nos dice que: *no quedará postrado,* es decir, que no quedará abandonado definitivamente, porque el Señor le sostiene con su mano. O como lo traduce Montano:[130] «El Señor agarra sus manos y le sostiene impidiendo que es-

---

[129] 2ª Corintios 4:9.
[130] Se refiere a BENITO ARIAS MONTANO [1527-1598], teólogo y humanista español experto en hebreo bíblico y en lenguas orientales. Felipe II le encomendó la confección de la *Biblia Políglota de Amberes.* Escribió numerosas obras sobre los nombres, animales y costumbres de la Biblia. Menéndez Pelayo lo describe como un

tando en semejante condición se hunda». De lo contrario el pecado ejercería dominio sobre él, cuando en Romanos se nos dice claramente que: *"el pecado no se enseñoreará de vosotros"*[131]; y más adelante que aquellos que han sido justificados están libres de la ley del pecado y de la muerte;[132] y que los predestinados, llamados, justificados y glorificados han pasado a formar parte de una cadena inquebrantable, en la que no hay ni paréntesis ni posibles interrupciones.[133] Si pecan, tienen *"abogado para con el Padre, a Jesucristo el justo.; y él es la propiciación por nuestros pecados"*.[134]

WILLIAM GREENHILL [1591-1677]
"An Exposition of the Five First Chapters of the Prophet Ezekiel with Useful Observations Thereupon. Delivered in Several Lectures in London", 1649

נ [NUN]
Vers. 25. Joven fui, y he envejecido, y no he visto justo desamparado, ni su descendencia que mendigue pan. *[Joven fui, y ya he envejecido, y no he visto al justo desamparado, ni a su descendencia mendigando el pan.* RVR77*] [He sido joven y ahora soy viejo, pero nunca he visto justos en la miseria, ni que sus hijos mendiguen pan.* NVI*] [Yo fui joven, y ya soy viejo, y no he visto al justo desamparado, ni a su descendencia mendigando pan.* LBLA*]*

"gran filósofo, eminente escriturario, sabio humanista y dulcísimo poeta".
[131] Romanos 6:14.
[132] Romanos 8:2.
[133] Romanos 8:30.
[134] 1ª Juan 2:1-2.

Joven fui, y he envejecido, y no he visto justo desamparado, ni su descendencia que mendigue pan. En este caso se trata de la experiencia personal de David. Lamentablemente no puedo decir que haya sido la mía, puesto que me he visto repetidamente en la situación de tener que prestar ayuda a hijos de personas incuestionablemente justas y buenas que han acudido a mí en calidad de mendigos. Pero esto no arroja la menor sombra de duda sobre la experiencia y conclusión de David, puesto que él vivió en una dispensación más superficial, más exotérica, digamos que más terrenal que la que nosotros disfrutamos ahora, más basada en la fe personal. Los justos nunca son desamparados: esto es un axioma, una regla incuestionable que no tiene excepción. Y ciertamente, pocas veces su descendencia se ve en la necesidad de mendigar pan; y aún en el caso de que tal situación pueda darse ocasionalmente a causa del despilfarro, ociosidad u otros motivos provocados por los propios hijos del justo, sin lugar a dudas es muy raro que los padres sigan aún con vida cuando semejante situación se produce y se vean obligados a presenciarla. Id a visitar, sino, cualquier refugio para vagabundos[135] y podréis comprobar cuan pocos de los acogidos son hijos de padres justos y buenos; entrad en una cárcel y veréis que la proporción es todavía mucho menor. Muchos hijos de pastores pobres con frecuencia hacen fortuna. Todavía no soy viejo y he visto ya a numerosas familias, pobres

---

[135] Spurgeon utiliza aquí el término inglés *"Union House"*. En la época victoriana las *Unión House* eran refugios estatales para vagabundos, donde los sin techo podían acudir a refugiarse en los meses de invierno y permanecer en ellos hasta un máximo de catorce noches. [MAYHEW, Henry. *Labour and the Poor, 1849-50. Letter XXX.* The Morning Chronicle. London, 1850].

pero justas y buenas, prosperar y enriquecerse; y he visto también cómo el Señor recompensaba con el éxito del hijo la fidelidad de un padre; hasta tal punto, que a veces he llegado a pensar que la mejor forma de legar riqueza a nuestra descendencia es hacernos nosotros pobres por amor a Cristo. Y en las misiones en India de la *"Baptist Missionary Society"* tenemos buenos ejemplos de ello.[136]

C. H. SPURGEON

Joven fui, y he envejecido, y no he visto justo desamparado, ni su descendencia que mendigue pan. Fijémonos que el salmista no dice: «A lo largo de mi experiencia no he visto justo afligido» sino más bien: *"No he visto justo desamparado en su aflicción, ni a su descendencia que mendigue pan".* Hace esta referencia concreta a mendigar pan, porque en el antiguo Israel el mendigar pan era evidencia directa de haber llegado al último eslabón, a lo peor, al desamparo absoluto, a la condición más deplorable, a la miseria más paupérrima. Puesto que a pesar de que Dios les había dicho que tendrían a los pobres siempre con ellos, había también dictado leyes concretas con respecto a la mendicidad. Lo que está diciendo por tanto el salmista es "No he visto a un solo justo tan desamparado que para subsistir tuviera que recurrir a la mendicidad". Y si alguien replica a esto, alegando el hecho de que el propio David mendigó (pi-

---

[136] Dice al respecto ORÍGENES [185-254]: «Aquellos cuyo alimento es *"hacer la voluntad del Padre que está en los cielos"* (Mateo 12:50) y cuya alma se nutre *del "pan que desciende del cielo"* (Juan 6:50) nunca se verán atormentados por el gusano del hambre».

dió pan a Abimelec[137] y a Nabal), le responderé que las excepciones no confirman la regla; pues una situación transitoria o un incidente ocasional no crea un mendigo. No hay pues razón alguna para afirmar que David llegó a mendigo o que mendigó su pan, simplemente porque en una ocasión se vio en apuros y pidió pan a Abimelec y en otra lo hizo con Nabal.[138] En casos de emergencia, inesperados y puntuales, aún el hombre más rico del mundo puede verse en la necesidad de pedir un pedazo de pan. Cualquier hombre justo y bueno puede verse inmerso ocasionalmente en una necesidad puntual; pero muy raramente, si es que sucede alguna vez, acaba convertido en mendigo.

JOSEPH CARYL [1602-1673]
"David's prayer for Solomon", 1643

Joven fui, y he envejecido, y no he visto justo desamparado, ni su descendencia que mendigue pan. Puede que alguien objete a esto alegando que en el mundo ha habido y sigue habiendo muchos hombres buenos y justos que son pobres. Pero el salmista está hablando aquí del justo caritativo, como evidencia el versículo siguiente donde dice: *"En todo tiempo tiene misericordia, y presta; y su descendencia es para bendición".* Y ¿quién puede decir que ha visto a un hombre en el que se den tales características sumido en la miseria o a su descendencia mendigando pan? Después que nuestro Salvador Jesucristo

---

[137] En griego, Αβιμέλεχ. En el latín de la *Vulgata*, Abimelech. En algunas versiones más recientes de la Biblia se ha optado por una transliteración más fiel de la pronunciación hebrea: Ahimélec. Nosotros hemos optado por la transliteración utilizada en la versión Reina Valera 1960, Abimelec.

[138] 1ª Samuel 21:3; 25:8.

alimentara a cuatro mil personas con siete panes y unos pocos peces hasta que todos quedaron llenos y satisfechos, leemos que juntaron todavía siete cestos llenos de sobras; y San Agustín comenta al respecto *"crescit dum impeditur victus, sic elemosyna si indigentibus oregetu"*; es decir, las provisiones iban aumentando en la medida en que eran consumidas. Y lo mismo sucede con las limosnas entregadas a los pobres.

MICHAEL JERMIN [-1659]
"The fathers institution of his childe. Directing the conversation of his whole life, in respect of God. And of other people. And of himself", 1658

Joven fui, y he envejecido, y no he visto justo desamparado, ni su descendencia que mendigue pan. Estoy convencido de que esto es absolutamente cierto y que lo es de manera literal en todos los casos. He viajado por numerosos países y he tenido numerosas oportunidades de entrevistarme y conversar con personas cristianas en todas las situaciones posibles de la vida. Y hasta donde alcanza mi conocimiento, no he visto un solo caso que me demostrara lo contrario. Puedo afirmar con propiedad que no he no he visto *justo desamparado,* ni al hijo de ningún justo *mendigando pan.* Dios honra a todos aquellos que le temen; y por tanto, se ocupa con el mayor cuidado y esmero de *ellos* y de su *posteridad.*

ADAM CLARKE [1760-1832]
"Commentary on the Whole Bible", 1831

Joven fui, y he envejecido, y no he visto justo desamparado, ni su descendencia que mendigue pan. Esta observación del salmista, por regla general, es verificable. Podemos encontrarnos con excepciones, como el caso de la familia del sacerdote Elí,[139] pero fue a causa de su debilidad e imperfección en su carácter como hombre bueno y justo. Sabemos también que las promesas no se cumplen si descuidamos las condiciones necesarias para su cumplimiento.[140] Con todo, hay quienes opinan que este versículo precisa de una adenda aclaratoria y traducen la última frase de esta forma: *"Ni a su descendencia, (en el supuesto que quedara desamparada) mendigando pan".*

DAVID DAVIDSON [1801-1843]
"The Pocket Commentary on the Old Testament", 1836

Joven fui, y he envejecido, y no he visto justo desamparado, ni su descendencia que mendigue pan. Estas palabras deben entenderse en sentido general y no como demostrables en cada caso particular. Con todo, el hecho incuestionable según yo lo entiendo, es que los descendientes inmediatos de una persona justa y pía, muy raramente, si es que acaso sucede alguna vez, se ven sumidos en semejante situación tan desesperada; a menos que sea por causa de su propia imprudencia o su comportamiento negligente.

WILLIAM WALFORD [1773-1850]
"The Book of Psalms. A New Translation, with Notes", 1837

Joven fui, y he envejecido, y no he visto justo desamparado, ni su descendencia que mendigue pan. El salmista expone un razonamiento sacado de su propia experiencia personal (como hace también repetidamente en el Salmo 119). Y si bien tal razonamiento puede que no concuerde

---

[139] 1ª Samuel 2:36.
[140] Ver al respecto Génesis 18:19.

con la experiencia de otras personas, tampoco es para extrañarse demasiado. David habitaba en la corte como rey, y los reyes no suelen mantener excesivo contacto personal con los mendigos.

JOHN TRAPP [1601-1669]
"A commentary or exposition upon the books of Ezra, Nehemiah, Esther, Job and Psalms", 1657

Que mendigue pan. Esto no se refiere a situaciones ocasionales en las que una persona pueda verse en la necesidad de recabar su propio sustento (como hizo David cuando pidió el pan de Abimelec;[141] o cuando él y sus soldados solicitaron vituallas de Nabal[142]), sino que se refiere a la mendicidad como sistema de vida, a llamar de puerta en puerta implorando un pedazo de pan; algo que según se desprende del salmo ciento nueve, se entendía como una maldición sobre los impíos: *"Anden sus hijos vagabundos, y mendiguen; y procuren su pan lejos de sus desolados hogares"*[143]. Tampoco puede decirse que el texto afirma que jamás un hombre justo o su descendencia se han visto confinados a ese nivel de miseria. Lo único que dice es que se trata de una situación muy rara y poco frecuente; tan poco frecuente que David a lo largo toda su vida no había tenido ocasión de verla.

ARTHUR JACKSON [1593-1666]
"Annotations upon the five books immediately following the historicall part of the Old Testament (commonly called the five doctrinall or poeticall books) Iob, the Psalms, the Proverbs, Ecclesiastes, and the Song of Solomon", 1658.

---

[141] 1ª Samuel 21:3.
[142] 1ª Samuel 25:8.
[143] Salmo 109:10.

Vers. 25, 26. Muchas personas se inquietan y preocupan pensando qué será de sus hijos cuando ellos hayan muerto. Lamentablemente, parece ser que no toman en cuenta la manera en que Dios proveyó y cuidó de ellos cuando eran niños. ¿Será acaso que el brazo del Señor se ha acortado? ¿No te hizo a ti estar confiado cuando estabas aún en el regazo de tu madre? ¿Y cuando tu padre y tu madre te dejaron, como dice el propio salmista,[144] acaso no se convirtió en tu Padre? ¿Y no te basta esta experiencia tuya propia para persuadirte que si a ti no te abandonó tampoco los abandonará a ellos? ¿Acaso Jesucristo no es ya *"el mismo ayer, hoy y por los siglos"?*[145] *"Joven fui"*, dice David, *"y he envejecido, y no he visto justo desamparado"* –esto está garantizado–, y añade: *"ni su descendencia que mendigue pan"*.

Muchos padres recelosos viven tan preocupados por la suerte de sus descendientes que atesoran en vida hasta quitarse el pan de la boca, incluso hasta poner en peligro sus propias almas con tal de dejar a sus hijos una herencia que les haga ricos. A tales padres aplica justamente la frase latina que dice: *"Dives es haeredi, pauper inopsque tibi"*, "El rico come pensando en sus herederos, el pobre come por ti". Con una mentalidad sobreprotectora, alimentan cual gallina clueca a sus polluelos a costa de pasar ellos hambre. Y si con tal de hacer a sus descendientes ricos precisan recurrir a la usura, la evasión, la opresión o la extorsión, no dudan solo un instante. Su insensatez no tiene límites. Por miedo a que sus hijos puedan quedar en la miseria atraen sobre ellos la única maldición que puede hacerles miserables; porque la herencia que les dejan de ese modo no es para bien, sino para mal; pues juntamente con sus tierras y posesiones heredan también los pecados

---

[144] Salmo 27:10.
[145] Hebreos 13:8.

de sus padres: *"Dios reserva el castigo de su iniquidad para sus hijos; y su descendencia echará de menos un pedazo de pan"*.[146]

El hombre justo y bueno *siempre es misericordioso y presta; y su descendencia es bendecida*. Aquello que el mundano piensa que empobrecerá a su posteridad es precisamente aquello por lo cual Dios promete que hará rica a la del hombre bueno. El precepto incluye una promesa de misericordia para la obediencia, no limitada ni confinada al propio hombre obediente, sino extendiéndola a su descendencia por mil generaciones.[147] Confía, pues, tus hijos a Cristo, y ten la plena seguridad de que cuando tus amigos fallen, la usura no tenga ya fecha de devengo, la opresión sea condenada al infierno, tú mismo hayas sido convertido en polvo, y el mundo haya sido consumido y convertido en ceniza, aún entonces, tus hijos seguirán todavía a salvo, porque: *"Jesucristo es el mismo, ayer, hoy y por los siglos"*.[148]

THOMAS ADAMS [1583-1653]
"Mystical bedlam, or the world of mad-men", 1615

Vers. 26. *En todo tiempo tiene misericordia, y presta; y su descendencia es para bendición.* *[En todo tiempo tiene misericordia y presta; y su descendencia es una bendición. RVR77] [Prestan siempre con generosidad; sus hijos son una bendición. NVI] [Todo el día es compasivo y presta, y su descendencia es para bendición. LBLA]*

---

[146] Job 21:19, en versión libre del texto hecha por el propio autor.
[147] Éxodo 20:6, NVI.
[148] Hebreos 13:8.

En todo tiempo tiene misericordia, y presta. Los justos viven constantemente bajo impulsos de generosidad; no prosperan actuando con mezquindad sino mediante dadivosidad. Imitando al longánimo Dador de todo lo bueno,[149] del cual son hijos amados, se deleitan en hacer el bien. Cómo es posible que después de leer estos textos en la Biblia, los tacaños, avaros y codiciosos puedan seguir albergando en su interior la más mínima esperanza de salvación, es algo que ciertamente maravilla.

Y su descendencia es para bendición. La KJV traduce aquí *"su descendencia es bendecida"*. Dios paga con intereses el bien que hacemos en la generación siguiente. Cuando los hijos de los justos no continúan por el camino de santidad y no actúan con justicia, es porque debe haber alguna razón de negligencia paterna o *alguna* otra causa pecaminosa, pues el Amigo del padre es a la vez amigo de toda la familia. El Dios de Abraham es Dios de Isaac y de Jacob.[150]

C. H. Spurgeon

Vers. 27-29. En los tres siguientes versículos encontramos el séptimo precepto, que adoptando forma positiva y negativa a la vez constituye la quintaesencia de todo el salmo.

C. H. Spurgeon

ס [Sámek]
Vers. 27. ***Apártate del mal, y haz el bien, y vivirás para siempre.*** *[Apártate del mal, y haz el bien, y tendrás para siempre una morada. RVR77] [Apártate del mal y haz el*

---
[149] Santiago 1:17.
[150] Éxodo 3:6.

bien, y siempre tendrás dónde vivir. NVI] *[Apártate del mal y haz el bien, y tendrás morada para siempre.* LBLA]¹⁵¹

Apártate del mal, y haz el bien. No debemos sentir envidia de los obradores de maldad, sino más bien apartarnos cuanto podamos de su espíritu y ejemplo. Así como Lot salió de Sodoma sin mirar siquiera hacia atrás,¹⁵² así debemos hacer nosotros con el pecado; no cabe la posibilidad de pactar treguas, establecer armisticios, ni entablar negociación alguna con él, debemos darle la espalda y alejarnos sin contemplaciones caminando en la dirección opuesta. El que actúa negligentemente en hacer el bien pronto cae en el mal.

Y vivirás para siempre. Tendrás como herencia un reposo tranquilo y perdurable. Las ganancias y placeres del mal son fugaces; más las recompensas de la gracia son eternas.

C. H. Spurgeon

---

¹⁵¹ En hebreo וּשְׁכָן לְעוֹלָם *ūšəḵōn lə'ōlām*. No está claro de dónde parte la traducción de la Reina-Valera que dice: *"y vivirás para siempre"*, puesto que verbo hebreo utilizado es שָׁכַן *shâkan* y su significado de "morar, establecerse" no plantea discusiones. La *Septuaginta* dice: κατασκηνόω εἰς αἰών αἰών, "plantarás tu tienda por los siglos de los siglos"; y la *Vulgata: "et inhabita in saeculum saeculi"*, "y habitarán sobre ella para siempre". La traducción ambigua y cuestionable de la Reina-Valera, que en este caso no se apoya ni en el texto hebreo ni el texto griego, fácilmente puede dar pie a interpretaciones erróneas. Francisco Lacueva [1911-2005] señala que de ese mismo verbo, שָׁכַן *shâkan*, procede el término שכינה *shekinah:* "la gloria de Dios" ¿Cabría especular con ello en el sentido de entender "habitarás en la presencia de Dios por los siglos de los siglos"? No hay ninguna base legítima para justificarlo pero, ¿acaso no es ésta la idea?

¹⁵² Génesis 19:17,26.

**Vers. 28. *Porque Jehová ama la rectitud, y no desampara a sus santos. Para siempre serán guardados; mas la descendencia de los impíos será destruida.* **[*Porque Jehová ama la rectitud, y no desampara a sus santos. Para siempre serán guardados; mas la descendencia de los impíos será destruida.* RVR77] [*Porque el Señor ama la justicia y no abandona a quienes le son fieles. El Señor los protegerá para siempre, pero acabará con la descendencia de los malvados.* NVI] [*Porque el Señor ama la justicia, y no abandona a sus santos; ellos son preservados para siempre, pero la descendencia de los impíos será exterminada.* LBLA][153]

Porque Jehová ama la rectitud. Dios se deleita en conceder honor a quienes lo merecen. Y de manera especial cuando la persona recta y justa a quien ese honor corresponde ha sido calumniada, difamada y vituperada por sus compañeros. Enderezar entuertos y hacer fracasar las maquinaciones de los injustos es placer divino. El gran Árbitro de los destinos humanos ama la rectitud, se asegura de aplicar reglas justas tanto a ricos como a pobres, a los buenos y a los malos por igual, porque ese juicio justo es su deleite.

Y no desampara a sus santos. Tal cosa no sería justa, y por tanto cae fuera de su concepción y no lo hará jamás.

---

[153] Otro texto complejo en el que el texto masorético plantea serias dificultades. SCHÖKEL ofrece la siguiente traducción: *"Porque el Señor ama el derecho y no abandona a sus devotos. Los criminales son aniquilados, la estirpe de los malvados se extinguirá"*. KRAUS: *"Porque Yahvé ama el derecho, no abandona a quienes son piadosos con él. Los malvados son exterminados para siempre, y la simiente de los impíos es erradicada"*. De esta forma el paralelismo entre las dos partes del versículo queda equilibrado.

Dios es fiel con aquellos a quienes ama y le aman, en la misma medida en que es justo con todos los seres humanos.

Los protegerá para siempre. La seguridad de los santos ha sido establecida en los compromisos del Pacto, y avalada con un cumplimiento garantizado. Venga lo que venga serán preservados en Cristo Jesús; y puesto que él vive, ellos vivirán también. Un rey no cede sus joyas, como tampoco a Jehová le arrebatarán a su pueblo. Como el maná guardado en vasija de oro debajo del propiciatorio en el interior del Arca del Pacto,[154] que en cualquier otro lugar se hubiera corrompido pero allí permanecía incólume, preservado, así también los fieles serán preservados en el Pacto por el poder de Cristo Jesús su propiciación.

Mas la descendencia de los impíos será destruida. Como las casas de Jeroboam y de Acab, en las cuales no quedó nadie con vida y los comieron los perros.[155] Los honores y las riquezas mal adquiridas raramente subsisten más allá de la tercera generación; la maldición se cumple antes de que transcurran muchos años y cae implacablemente sobre la casa de maldad. De toda herencia y legado de los impíos a sus descendientes, el único activo garantizado y con mayor seguridad de que llegará indefectiblemente a sus manos es el juicio implacable para todos ellos.

C. H. Spurgeon

Porque Jehová ama la rectitud, y no desampara a sus santos. Para siempre serán guardados; mas la descendencia de los impíos será destruida. ¿Y cómo podemos decir que van a ser guardados cuando mueren exactamente igual que todos los demás? Fijémonos bien en la antítesis porque

---

[154] Éxodo 16:33-34; 25:10-22; Hebreos 9:4.
[155] 1ª Reyes 16:4; 21:24, KJV.

es en ella donde encontraremos la explicación: los justos *"para siempre serán guardados (...) mas la descendencia de los impíos será destruida"*. ¿Y cómo son guardados los justos para siempre? Al no ser destruida su descendencia. Son preservados a través de sus descendientes, de sus posteridad, pues los hijos no son sino la identidad de sus padres multiplicada, proyectada y prolongada en una *"nodosa aeternitas"*[156]. Cuando la vida del padre se extingue queda anudada a ella la vida del hijo, y así sucesivamente la línea mantiene una continuidad y se prolonga proyectándose al infinito. Reconozco que las bendiciones temporales, como es una larga vida o la promesa de una posteridad feliz, son más visibles a los ojos de los que vivimos en la presente dispensación del Pacto. Pero Dios tiene establecida esta línea de continuidad en los hijos, y en ella son muchas las promesas que atañen a la administración del evangelio. Cabe decir, por tanto, que la fidelidad y el servicio a Dios siguen siendo la mejor vía de asegurar la felicidad familiar, algo tan cierto y evidente como que el pecado es la mejor vía para destruirla y acabar con ella. Pues aún admitiendo que pueden darse algunos casos puntuales en los que no sea así, en la mayoría lo es; y nosotros ni estamos capacitados ni somos nadie para pretender juzgar las dispensaciones de Dios al respecto; puesto que desde nuestra posición terrenal y limitada nuestra visión de las acciones de la Providencia es fragmentada. Sólo alcanzamos a ver pedazos sueltos de la escena, y por supuesto no contamos con la capacidad ni con la habilidad necesarias para juntarlos y componer el cuadro entero. Pero en el día

---

[156] "Eternidad anudada", que se forma mediante pedazos anudados entre sí, como una cuerda infinita compuesta de múltiples cuerdas atadas una a la otra, y después a la otra, y así progresivamente sin fin.

del juicio, cuando todo el contexto de las acciones divinas se despliegue ante nuestros ojos como una sola escena, entonces entenderemos el cómo de esta promesa que dice: *"Los hijos de tus siervos habitarán seguros, su descendencia será establecida delante de ti"*.[157]

THOMAS MANTON [1620-1677]

ע [AYIN]

Vers. 29. *Los justos heredarán la tierra, y vivirán para siempre sobre ella.* *[Los justos heredarán la tierra, y vivirán para siempre sobre ella. RVR77] [Los justos heredarán la tierra, y por siempre vivirán en ella. NVI] [Los justos poseerán la tierra, y para siempre morarán en ella. LBLA]*

Los justos heredarán la tierra. Como herederos junto con Cristo de la gloria de Dios,[158] los justos heredarán la Canaán celestial, que es el antitipo de *"la tierra"*, y que será suya juntamente con todas las bendiciones del Pacto.

Y vivirán para siempre sobre ella. Las haciendas y posesiones de este mundo son diversas y muy distintas entre sí, pero ninguna iguala en esplendor a la que los creyentes tienen guardada en los cielos. El Paraíso entero es suyo por derecho de herencia y para siempre, y vivirán eternamente para poder disfrutar de él. ¿Quién no desea en tales condiciones ser creyente? ¿Quién se interesa, se inquieta y preocupa por los tesoros pasajeros que ahora disfrutan los malvados?

C. H. SPURGEON

---

[157] Salmo 102:28.
[158] Romanos 8:17.

Los justos heredarán la tierra. Hay un énfasis intencional manifiesto en la repetición de esta misma promesa una y otra vez a lo largo de todo el salmo, en los versículos 9, 11, 22, 29, y 34. Y resulta evidente que no se trata de una referencia al mundo presente, sino a los cielos nuevos y la tierra nueva, según los describen el profeta Isaías y el apóstol Pedro.[159]

WILLIAM WILSON [1783-1873]
"The Book of Psalms: With an Exposition, Evangelical, Typical, and Prophetical, of the Christian Dispensation", 1860

Los justos heredarán la tierra. Es importante comparar este versículo con las palabras de Cristo: *"Bienaventurados los mansos, porque ellos recibirán la tierra por heredad"*[160], y meditar profundamente en esta importante verdad bíblica: la futura posesión en exclusiva de la tierra por parte de los justos. El Milenio o Reino Milenial es lo que aporta la explicación más completa y coherente.

CHRISTIAN GOTTLIEB BARTH [1799-1862]
"The Bible manual an expository and practical commentary on the Books of Scripture", 1865/1885

פ [PE]
Vers. 30. *La boca del justo habla sabiduría, y su lengua habla justicia.* *[La boca del justo derrama sabiduría, y su lengua habla rectitud. RVR77] [La boca del justo imparte sabiduría, y su lengua emite justicia. NVI] [La boca del justo profiere sabiduría y su lengua habla rectitud. LBLA]*

---

[159] Isaías 56:17; 1ª Pedro 3:13.
[160] Mateo 5:5.

La boca del justo habla sabiduría.[161] Puesto que el salmo entero va dedicado a describir la distinta suerte del justo y del malvado, era necesario incluir una prueba destinada a evaluar e identificar a cada uno. Y la lengua no es mal indicador para valorar el carácter de una persona. La lengua traiciona al corazón. Las personas buenas y justas, por regla general, hablan de cosas edificantes, dan consejos atinados y mantienen conversaciones pías, consecuentes y consistentes con la iluminación divina que han recibido. La integridad de comportamiento es sabiduría en acción, razón por la cual prácticamente todos los hombres rectos son sabios y hablan con sabiduría.

Su lengua habla justicia. Es decir, aboga en favor de la justicia, emite veredictos ecuánimes y honestos; tanto en lo que refiere a las personas como a las cosas. Y previene de que los juicios divinos caerán sobre los malvados, como en tiempos antiguos. Sus conversaciones no son jamás tontas ni obscenas, insulsas ni profanas. Puesto que nuestras conversaciones conllevan mayores consecuencias de lo que muchos imaginan.

C. H. SPURGEON

Vers. 31. *La ley de su Dios está en su corazón; por tanto, sus pies no resbalarán.* *[La ley de su Dios está en su corazón; por tanto, sus pies no resbalarán.* RVR77] *[La*

---

[161] La *Septuaginta* traduce: στόμα δίκαιος μελετάω σοφία; y la *Vulgata: "os iusti meditabitur sapientiam"*, "La boca del justo meditará sabiduría". SCHÖKEL traduce: *"La boca del honrado medita la sensatez"*. La idea es que el justo no habla sino después de haber meditado las cosas que va a decir y de haberlas consultado y cotejado con la Ley de Dios.

ley de Dios está en su corazón, y sus pies jamás resbalan. NVI] *[La ley de su Dios está en su corazón; no vacilan sus pasos.* LBLA]¹⁶²

La ley de su Dios está en su corazón; por tanto, sus pies no resbalarán. El mejor producto, colocado en el mejor lugar, y produciendo los mejores resultados.¹⁶³ No es de extrañar que la lengua se exprese de forma tan admirable siendo que el corazón se halla tan bien provisto. Amar la santidad, tener motivaciones e impulsos santificados, sentir el deseo de obedecer al Señor como parte integrante de nuestra naturaleza interna: es el método más seguro para lograr eficiencia en el curso de nuestra vida a la hora de alcanzar nuestros objetivos, e incluso de asegurar los detalles, esto es, de evitar que *nuestros pasos* caigan en algún error grave. En tiempos difíciles como los que vivimos, mantener el equilibrio de nuestros pasos es un privilegio concedido únicamente a personas con un corazón sano y auténtico en relación a Dios, pues como bien afirma el salmista, solamente las tales reúnen las condiciones precisas para poder hablar de Dios como *"su Dios"*. La política humana resbala y tropieza, gira y cambia de rumbo; pero la sinceridad camina con paso firme y seguro por su senda, sin desviarse un ápice hasta alcanzar su meta.

C. H. Spurgeon

---

[162] La *Vulgata* traduce: *"lex Dei eius in corde ipsius et non subplantabuntur gressus eius",* "La Ley de Dios está en sus corazón y a sus pasos no será echada zancadilla".

[163] Dice Agustín de Hipona [353-429]: «*"La ley de su Dios está en su corazón".* Sí, en su corazón. Ya que algunos tienen en la boca aquello que les falta en su corazón y tienen que ser contados entre aquellos de los cuales dice el profeta: *"con sus labios me honra, pero su corazón está lejos de mí"* (Isaías 29:13)».

La ley de su Dios está en su corazón; por tanto, sus pies no resbalarán. Un rebaño de ovejas renuente y reacio a caminar se sale fácilmente de la senda trazada; resbala en cualquier pendiente y se desvía el cualquier recodo, primero a un lado, luego hacia el otro, y así sucesivamente; dirigirlo y lograr que avance constituye toda una proeza que exige notorias habilidades. Pero un corazón dispuesto, listo y preparado para toda buena obra, avanza veloz hacia su meta deleitándose a sí mismo en el Señor.

RICHARD STEELE [1629-1692]
"Plain Discourse upon Uprightnes", 1670

La ley de su Dios está en su corazón. Tenía una Biblia entera metida en su cabeza y otra dentro de su corazón; contaba con un buen tesoro en su interior, y como resultado sus aportaciones eran buenas.

JOHN TRAPP [1601-1669]
"A commentary or exposition upon the books of Ezra, Nehemiah, Esther, Job and Psalms", 1657

צ [TSADE]

Vers. 32. *Acecha el impío al justo, y procura matarlo.* *[Acecha el impío al justo, y procura matarlo. RVR77] [Los malvados acechan a los justos con la intención de matarlos. NVI] [El impío acecha al justo y procura matarlo. LBLA]*

Acecha[164] *el impío al justo, y procura matarlo* Si no fuera porque las leyes humanas lo impiden, pronto veríamos una masacre de justos. Jesús estuvo bajo la vigilancia constante de sus enemigos siempre sedientos de su sangre; y como discípulos suyos no tenemos motivo para esperar otra cosa, sabiendo que nuestro Maestro fue el blanco de todos los odios hasta que finalmente lograron darle muerte.

C. H. S<small>PURGEON</small>

Vers. 32, 33. Los escribas y fariseos *acechaban* constantemente al Justo, a Jesús. Cada día y cada hora *procuraban matarle,* y finalmente lo hicieron. Pero *"Jehová no lo dejó en sus manos",* antes bien vindicó su inocencia levantándolo de entre los muertos.

G<small>EORGE</small> H<small>ORNE</small> [1730-1792]
"A Commentary on the Psalms in which Their Literal Or
Historical Sense, as They Relate to King David, is Illustrated", 1825

Vers. 33. *Jehová no lo dejará en sus manos, ni lo condenará cuando le juzgaren.* *[Ni permitirá que lo condenen cuando lo lleven a los tribunales. RVR77] [Pero el Señor no los dejará caer en sus manos ni permitirá que los condenen en el juicio. NVI] [El Señor no dejará al justo en sus manos, ni permitirá que lo condenen cuando sea juzgado. LBLA]*

---

[164] En hebreo צוֹפֶה *sōwp̄eh* de צָפָה *tsâphâh*, "observar, espiar, acechar".

Jehová no lo dejará en sus manos. Con frecuencia Dios hace acto de presencia para librar a sus siervos. Y cuando no lo hace en lo que respecta a sus cuerpos materiales en esta vida, cuanto menos da a sus almas un gozo y una paz tal que se erigen triunfantes por encima del poder de sus verdugos. Puede que por un tiempo nos veamos en manos de nuestros enemigos, como se vio Job, pero no quedaremos abandonados a su merced.

Ni lo condenará cuando le juzgaren. El tiempo revertirá todo veredicto precipitado, o bien la eternidad disipará la condenación del tiempo. Pero en su momento los justos serán reivindicados. En el orden de la Providencia las injusticias son toleradas temporalmente por razones trascendentales, más sabias, sublimes y elevadas, que exceden a nuestra comprensión. Pero lo dulce no será llamado amargo eternamente, ni la luz traducida como tinieblas para siempre. A su debido tiempo, aquello que es justo y correcto saldrá a la luz, será desvelado lo real y verdadero; y los falsos, engreídos y pretenciosos, serán desenmascarados. Y si hemos procedido con fidelidad, podremos apelar ante la sesión judicial suprema, que tendrá lugar en el gran día del juicio, todas las apreciaciones y sentencias las triviales y mezquinas de las que ahora somos objeto por parte de la sociedad que nos rodea.

C. H. Spurgeon

ק [Qof]

Vers. 34. *Espera en Jehová y guarda su camino, y él te exaltará para heredar la tierra; cuando sean destruidos los pecadores, lo verás.* [*Espera en Jehová, y guarda su camino, y él te exaltará para heredar la tierra, y verás la destrucción de los malvados.* RVR77] [*Pero tú, espera* en el Señor, y vive según su voluntad, que él te exaltará para que heredes la tierra. Cuando los malvados sean destruidos, tú lo verás con tus propios ojos. NVI] [Espera en el Señor y guarda su camino, y él te exaltará para que poseas la tierra; cuando los impíos sean exterminados, tú lo verás. LBLA][165]

Espera en Jehová. Aquí encontramos el octavo precepto. Y cumplirlo entraña uno de los objetivos más excelsos y sublimes: aceptar las pausas de Dios y adaptarse pacientemente a su calendario. Esperar obedientes como siervos; esperanzados como herederos; expectantes como creyentes. Esta concisa y escueta palabra, "espera", es fácil de pronunciar, pero no tan fácil de poner en práctica; y sin embargo, la fe tiene la misión de conseguirlo.

Y guarda su camino. Sigue caminando por la senda estrecha; no te apresures corriendo detrás de las riquezas ni detengas tu paso a causa de las acciones de los malignos. Que tu único lema sea en todo momento: «Adelante, adelante, y adelante». No desfallezcas, y ni siquiera sueñes en desviarte o volver atrás. *"El que perseverare hasta el fin, éste será salvo".*[166]

Y él te exaltará para heredar la tierra. De los bienes de la tierra tendrás todo aquello que es realmente bueno; y de los del cielo sin limitación ni medida. La porción de los que alcancen la excelencia será la exaltación.

Cuando sean destruidos los pecadores, lo verás. ¡Qué escena tan terrorífica y tan aleccionadora a la vez! ¡Qué

---

[165] SCHÖKEL lo traduce de esta forma: *"Espera en el Señor, sigue su camino: te levantará a poseer una tierra y verás la expulsión de los malvados".*
[166] Mateo 24:13.

amonestación y reprimenda tan severa a todos aquellos que se irritan y se inquietan por causa de los malignos! ¡Qué estímulo y aliciente tan enorme para la gratitud! Alma mía no te irrites, aguarda, quédate quieta y podrás ver el final, el trágico final, de los enemigos del Señor.[167]

C. H. Spurgeon

Espera en Jehová y guarda su camino. Aquel que confía verdaderamente en Dios se mantiene dentro de los tiempos de Dios; utiliza los medios de Dios, y anda por el camino de Dios, aunque a veces le parezca que dé vueltas y no conduzca a ninguna parte. Y no pone en peligro su alma con acciones temerarias, con premuras y ligerezas, porque sabe que los apresuramientos no producen más que vaivenes, nunca un buen ritmo de marcha. Tampoco se sale jamás del camino trazado, de la senda santa y recta, a pesar de que a veces evitaría haciéndolo algunas pérdidas o eludiría alguna que otra aflicción. Pero la fe auténtica descansa plenamente en Dios, y en consecuencia, guarda bien su camino. Quien no experimenta en su interior la necesidad de enaltecer y honrar el evangelio en todo, quien teme más a la pobreza y la aflicción de lo que teme al pecado, quien se preocupa más por las cosas de este mundo que por su propia alma, quien busca atajos y opta por vías cuestionables para aumentar o asegurar sus posesiones y bienes terrenales, quien no se guarda a sí mismo celosamente y se mantiene vigilante por temor

---

[167] Kraus remarca este :תִרְאֶה *ṭir'eh* de רָאָה *raah,* al final del versículo que algunas versiones traducen como *"tú lo verás",* y comenta al respecto «El hecho de que el "justo" ha de "ver" con sus ojos esa destrucción de los impíos, significa que no quedará oculta para él la intervención real de Yahvé».

a que ello pudiera deteriorar sus relaciones con el mundo (con el que se mantiene estrechamente ligado); esta claro que no confía a Dios sus bienes, ni confía en Dios en lo relativo a sus bienes. Por tanto, sea lo que sea que piense, diga o aparente, esta claro que tampoco confía en Dios en lo relativo a su alma y a su redención; por tanto, todos sus alardes respecto a su salvación y esperanzas del cielo, son mera presunción y pura arrogancia.

David Clarkson [1621-1686]

Espera en el Señor. No le ates al tiempo, no le limites al espacio de un solo día; no despiertes al Amado hasta que él estime oportuno.

John Trapp [1601-1669]
"A commentary or exposition upon the books of Ezra, Nehemiah, Esther, Job and Psalms", 1657

Espera (…) guarda. En tanto que esperamos, procuremos no vacilar. No demos un solo paso al margen del camino de Dios, aunque un león rugiente se nos plante delante y nos corte la marcha. No eludamos el deber a cambio de seguridad; prosigamos en la senda de Dios, la senda antigua, el buen camino,[168] la senda empedrada con la santidad: *"Y habrá allí calzada y camino, y será llamado Camino de Santidad"*.[169] Evitemos los atajos, los vericuetos y senderos tortuosos, procurando no desviarnos a la izquierda y menos aún detenernos y establecernos en ella.[170] El pecado bloquea nuestras esperanzas y pone barricadas en nuestro camino para que erremos la senda.

---

[168] Jeremías 6:16.
[169] Isaías 35:8.
[170] Isaías 30:21; Mateo 25:33.

Evitémoslo, puesto que las mismas esperanzas nos cabría tener de encontrar el cielo en el infierno que de llegar a él siguiendo un camino pecaminoso.

Thomas Watson [1620-1686]
"Discourses on Important and Interesting Subjects: The Upright Man's Character", 1666

ר [Resh]
Vers. 35. *Vi yo al impío sumamente enaltecido y que se extendía como laurel verde.* *[Vi yo al impío sumamente enaltecido, y que prosperaba como un cedro frondoso. RVR77] [He visto al déspota y malvado extenderse como cedro frondoso. NVI] [He visto al impío, violento, extenderse como frondoso árbol en su propio suelo. LBLA]*

Vi yo al impío sumamente enaltecido, y que se extendía como laurel verde. De nuevo, y por segunda vez en este salmo, David echa mano de su diario personal, de la recopilación de sus experiencias, y nos transmite de manera poética sus observaciones, nos cuenta lo que ha visto y concluido. No estaría de más que nosotros nos acostumbráramos también a tomar nota de los hechos y actuaciones de la divina providencia que presenciamos a lo largo de nuestras vidas.

Vi yo al impío sumamente enaltecido.[171] Ignoramos a quién se refiere concretamente, pero por el sentido del tex-

---

[171] En hebreo רָאִיתִי רָשָׁע עָרִיץ *rā'îtî rāšā 'ārîṣ*. El término hebreo que nuestras versiones traducen como *"enaltecido"* עָרִיץ *'ārîṣ* de עָרִיץ *'ârîyts*, significa "amedrantar, aterrorizar, infundir pánico, violentarse".

to hebreo podemos imaginar a se trataba de un hombre temible en el trato con sus semejantes, gobernando con gran autoridad y ejecutando su voluntad con mano de hierro; un César[172] por su poder, un Creso[173] por sus riquezas.

Y que se extendía como laurel verde.[174] Esto es, creciendo sin cesar, extendiéndose y ramificándose; añadiendo casa tras casa y campo tras campo a su hacienda y fortuna; escalando puestos de poder, arriba y más arriba en el aparato del Estado. Daba la impresión que sus éxitos eran continuos y perennes; siempre verde cual las hojas del laurel, afianzando sus raíces en el suelo de su tierra natal, de la que nunca había sido trasplantado. En realidad, el texto original no menciona ningún árbol en particular,[175] sino que dice simplemente *"planta nativa"* o propia de la tierra; por lo que un cedro, un roble o un haya servirían igualmente para la ilustración. Con todo, el sentido es que

---

[172] Se refiere al famoso militar y posteriormente emperador romano Cayo Julio César [100-44 a. C.].

[173] Se refiere a Creso, último rey de Lidia [560-546 a.C.]. Debido a la gran riqueza y prosperidad de su país, de él se decía que era el hombre más rico en su tiempo.

[174] En hebreo וּמִתְעָרֶה כְּאֶזְרָח רַעֲנָן *ūmiṯ'āreh kə'ezraḥ ra'ănān.* Se trata de un texto muy confuso. Kraus indica que la traducción literal del texto masorético sería *"y a uno que se despojaba como nativo verde".* Y comenta al respecto: «El texto está corrompido y carece de sentido. El griego lee: καί ἐπαίρω ὡς ὁ κέδρος ὁ Λίβανος. Schökel comenta igualmente que la traducción sería: «*"Yo vi un malvado tirano que se desnudaba como un nativo lozano"*. Es lógico que semejante texto no satisfaga y que se haya recurrido a las versiones antiguas, como se mostró en el análisis filológico. La imagen vegetal se aplica al honrado en Sal 92:12-13».

[175] En hebreo כְּאֶזְרָח *kə'ezraḥ* de אֶזְרָח *ezrách,* "hombre nativo de la tierra". La mayoría de versiones modernas lo traducen como "cedro frondoso".

se trata de algo terrenal cuyas raíces están en el barro; cuyos laureles y honores son hojas marchitas, pues a pesar de que su sombra empequeñece y hace parecer enanas a las demás plantas que languidecen debajo suyo, también él mismo es frágil, mortal y perecedero, como el hacha del leñador demostrará en su momento. En la figura de este árbol noble, que se presenta y proclama a sí mismo como rey del bosque, contemplamos la grandeza de los impíos en el momento actual; pero aguardemos unos instantes y veremos el cambio súbito, cuando su tronco abatido sea arrastrado por los suelos y hasta la última de sus raíces arrancada de cuajo.

C. H. Spurgeon

Como laurel verde. La versión griega de los LXX traduce: ὁ κέδρος ὁ Λίβανος, "como cedro del Líbano"; pero según Delitzsch la palabra hebrea כְּאֶזְרָח *kəʾezraḥ,* de אֶזְרָח *ezrách,* puede significar "cualquier árbol de madera noble y que haya crecido en el transcurso de los siglos hasta tener un tronco gigantesco y una copa frondosa que le corone".

C. H. Spurgeon

Como laurel verde. En este caso, la nota marginal[176] que indica *"un árbol que crece en su tierra nativa o en propio suelo"*, es sin duda lo más acertada. La idea que han defendido muchos traductores de la Biblia es que el salmista se refería al árbol del laurel *(Prunos laurocearasus),* el laurel cerezo de nuestros jardines, pero este árbol pertenece a una familia completamente distinta. El laurel verde o laurel de

---

[176] Se refiere a la nota marginal en la KJV.

Portugal, cuyas ramas y hojas siempre verdes le confieren un aspecto ornamental, pertenece a una subfamilia *(Drupaceae, Lind)* que deriva de las rosa *(Rosácea)*. Pero el auténtico laurel, que florece lozano y exuberante en los países del sur de Europa es el *(Laurácea)*. Diversas circunstancias hacen improbable que el término hebreo אֶזְרָח *ezrâch*, que es el que utiliza el salmista, pueda identificarse con él; pues no hay evidencia alguna de que fuera tan abundante en Palestina como para que el salmista lo eligiera a modo de figura en un poema de uso popular. Aunque los hay, son muy pocos y están a orillas de la costa del Mediterráneo o Mar Grande. Sin embargo, la principal objeción a que el árbol a que se refiere el poeta real sea un laurel verde la encontramos en el propio salmo; puesto después de mencionarlo y refiriéndose al mismo, añade en el versículo siguiente: *"Pero él pasó, y he aquí ya no estaba; lo busqué, y no fue hallado"*. Es decir, que la idea no coincide ni resulta propiamente representada por el laurel, una planta de hoja perenne, de crecimiento lento, y que en la madurez de su crecimiento alcanza una altura superior a los diez metros. La figura moral que busca ilustrar aquí el salmista requiera como ejemplo un árbol distinto al laurel. Más bien una especie de crecimiento rápido, plantado además en un terreno blando que favorezca su crecimiento por encima de lo normal. Un árbol que en clima favorable y con un buen sol, gane pronto altura y extienda con facilidad sus ramas, convirtiéndose rápidamente en la admiración de todos los que pasan y lo contemplan; pero que cuando se desata la tormenta, cuando el viento sopla con ímpetu sobre sus ramas, pronto se desgaja mostrándose incapaz de permanece en pie. Y así, derribado de cuajo, y con una madera comparativamente poco útil, es desechado y apartado de la vista, como Abraham enterró a Sara fuera de su vista.[177] Así sucede también con el impío: lo ves por un instante y cuando lo buscas de nuevo ya no lo encuentras, porque ya no está a la vista.

John Duns [1820-1909]
"Biblical natural science: being the explanation of all references in holy scripture to geology, botany, zoology, and physical geography", 1868

Como laurel verde. He de confesar que la anterior explicación de Duns no me convence demasiado. A decir verdad (y de no ser por otras razones que me inclinan a preferir la traducción de Wilson defendida en su comentario que transcribimos a continuación, la de *"un árbol que crece en suelo patrio"*, es decir, que nunca ha sido trasplantado y por eso crece lozano y frondoso), pienso que me quedaría con la idea del laurel verde. Pues el laurel es un árbol de verdor permanente y continuado; y así es precisamente como aparenta ser la prosperidad de los impíos. A veces da la impresión de que su felicidad pudiera ser eterna; y sin embargo, aquellos que prestan atención a las acciones de la Providencia contemplan con santa admiración cómo la justicia divina corta en breve su gloria y perecen para siempre.

C. H. Spurgeon

Vi yo al impío sumamente enaltecido, y que se extendía como laurel verde. *"Sumamente enaltecido"*, es decir, manejando un poder enorme (terrible, feroz, violento) *"y*

---

[177] Génesis 23:4. La KJV traduce aquí: *"that I may bury my dead out of my sight."*; la RV1960: *"sepultaré mi muerta de delante de mí."*; y LBLA: *"para que pueda sepultar a mi difunta y apartarla de delante de mí."*.

que se extendía como laurel verde", esto es, un árbol que crece en su suelo patrio, vigoroso y frondoso, que nunca ha sido trasplantado. Una figura impactante para describir al inicuo en este mundo; firmemente enraizado en las cosas terrenales, que son su suelo patrio, su terreno nativo; orgulloso y altanero en su prosperidad, sin temor de percance alguno.

WILLIAM WILSON [1783-1873]
"The Book of Psalms: With an Exposition, Evangelical, Typical, and Prophetical, of the Christian Dispensation", 1860

Como laurel verde. Un árbol que da hojas, pero no da fruto.

MATTHEW HENRY [1662-1714]
"Commentary on the Whole Bible", 1811

Vi yo al impío sumamente enaltecido, y que se extendía como laurel verde. "*Vi yo al impío*", dice David, "*sumamente enaltecido, y que se extendía como laurel verde*". Y ¿por qué un laurel? Porque en invierno, cuando los demás árboles de provecho, árboles que dan fruto, –vides, higueras, manzanos, etc. – quedan secos y desnudos, el laurel sigue tan verde como en verano. Así sucede también con los inicuos. En las tormentas invernales de persecución, aflicciones y miserias, mientras los hijos de Dios parecen marchitos como si estuvieran muertos, los malos siguen prosperando y se muestran verdes a los ojos del mundo. Se nutren de la riqueza terrenal, pero ello contribuye a su futura destrucción; se engordan, pero es para el día de su matanza. Éste fue el caso de los hijos del sacerdote Elí, Ofní y Fines;[178] el

---
[178] 1ª Samuel 2:12-36.

Señor les dio en abundancia y permitió que prosperaran en su maldad. Pero, ¿cuál era la razón? Que en breve iba a destruirlos.

JOHN GORE
Rector de Wendenlofts, Essex
"Certaine sermons preached upon severall occasions"
sermón predicado en *St. Paul's Cathedral* en 1633

Vers. 36 *Pero él pasó, y he aquí ya no estaba; lo busqué, y no fue hallado. [Pero pasé de nuevo, y he aquí ya no estaba; lo busqué, y no fue hallado. RVR77] [Pero pasó al olvido y dejó de existir; lo busqué, y ya no pude encontrarlo. NVI] [Luego pasó, y he aquí, ya no estaba; lo busqué, pero no se le halló. LBLA]*

Pero él pasó. El salmista observa que ambos, árbol y hombre impío, habían desaparecido a un tiempo. El fruto de la simiente humana y el fruto de la semilla vegetal se habían esfumado por igual. ¡Qué limpieza tan exhaustiva, que barrido tan intenso lleva a cabo la muerte!

Y he aquí ya no estaba. Para sorpresa de todos sus semejantes, el gran magnate, el encumbrado personaje había desaparecido. Sus bienes subastados, sus negocios en bancarrota, su casa desierta, su nombre olvidado. Y todo ello en cosa de pocos meses.

Lo busqué, y ya no pude encontrarlo. Si impulsados por nuestra curiosidad inquirimos acerca de la suerte de los impíos, vemos que se van sin dejar rastro; como los pájaros de mal agüero que cuando desaparecen nadie desea recordarlos. Y contemplamos reiteradamente cómo algunos de los más humildes entre los justos son inmortalizados y sus nombres convertidos en perfume y fragancia imperecedera en

la iglesia; mientras los más eruditos y capaces de entre los infieles y blasfemos apenas son recordados a los pocos años de su muerte. Por un tiempo estuvieron en boca de todos, pero hoy, han caído en el olvido; porque sólo la virtud es inmortal.
C. H. Spurgeon

Vers. 35, 36.

> Hoy, reverdece, y despliega
> las verdes hojas de sus esperanzas;
> mañana, florece, y soporta
> la carga de sus bochornosos honores.
>
> Pero al tercer día, viene la helada,
> una helada mortífera;
> y justamente cuando creía, ¡pobre inocente!
> que más seguro estaba,
> toda su grandeza decae,
> el frío seca sus raíces,
> y finalmente, se abate y se derrumba, como yo.[179]
William Shakespeare [1564-1616]
"Enrique VIII"

Vers. 36, 37. El halcón vuela muy alto y es a ave muy estimada, vive en un pedestal con sus patas adornadas con pihuelas y campanillas para infundir temor, y es transpor-

---

[179] "*Today he puts forth / The tender leaves of hopes, tomorrow blossoms, / And bears his blushing honours upon him: / Third day comes a frost, a killing frost; / And—when he thinks, good easy man, full surely / His greatness is a ripening—nips his root, / And then he falls, as I do*". Traducción libre del texto.

tada sobre el puño de su dueño; pero en cuanto muere y cae de su pedestal, es arrojada al estercolero como cualquier otra cosa carente de valor. La gallina, en cambio, se pasa el día escarbando en el polvo, sin ser objeto mientras está con vida de atención ni recompensa alguna; pero cuando muere, se transforma en manjar exquisito que honra la mesa de su señor. De igual manera los impíos ocupan lugares prominentes, y prosperan mientras habitan en este mundo; en cambio los justos y buenos se arrastran mordiendo el polvo; pero cuando ambos mueren, unos son arrojados a las mazmorras del infierno y los otros son transportados al reino de los cielos; y mientras unos se gozan en el seno de Abraham, los otros son atormentados por el diablo y sus ángeles.

Thomas Westfield [1573-1644]
en uno de sus sermones

ש [Shin]

Vers. 37. *Considera al íntegro, y mira al justo; porque hay un final dichoso para el hombre de paz.* *[Considera al íntegro, y mira al justo, porque hay un porvenir dichoso para él y para su posteridad. RVR77] [Observa a los que son íntegros y rectos: hay porvenir para quien busca la paz. NVI] [Observa al que es íntegro, mira al que es recto; porque el hombre de paz tendrá descendencia. LBLA] [Observa al íntegro y contempla al recto: porque el final del tal hombre es paz. KJV]*[180]

---

[180] Kraus traduce: *"Conserva la 'inocencia y 'ejercita la rectitud; el final de un varón (así) es la salvación"*. Schökel: *"Observa al íntegro, fíjate en el recto: el hombre pacífico tiene un porvenir"*.

Considera al íntegro, y mira al justo. Después de haber contemplado con sorpresa la caída de los impíos, dirijamos ahora nuestra mirada al hombre verdaderamente justo y bueno y reparemos en el bendito contraste. Los hombres justos y buenos son personas destacables y dignas de que las analicemos; maravillas de la gracia que merecen toda nuestra admiración.

Porque hay un final dichoso para el hombre de paz. El hombre de paz tiene un final en paz; pues el final, para el hombre de paz, es una paz sin final. Puede que su recorrido por la tierra haya sido abrupto y tempestuoso, pero le conduce al hogar.[181] En el caso de los creyentes, puede incluso que les llueva por la mañana, truene al mediodía y diluvie a media tarde, pero escampará sin lugar a dudas antes de que se ponga el sol. Puede que la guerra nos acompañe hasta el último minuto de nuestra existencia, pero en ese mismo instante quedará relegada para siempre.

C. H. SFURGEON

Porque hay un final dichoso para el hombre de paz. El historiador griego Heródoto[182] nos habla de la costumbre que tenían los etíopes de depositar los cuerpos de

---

[181] JOSÉ M. MARTINEZ [1924-¿?] en su comentario a los "Salmos Escogidos" cita muy apropiadamente al comentar este versículo las rimas de FRAY MATEO CHUECAS Y ESPINOZA [1788-1868] cuando escribe «En esta vida prestada, / que es de la ciencia la llave, / quien sabe salvarse, sabe, / y el que no, no sabe nada».

[182] Se refiere a HERÓDOTO [484-425 a.C.], historiador y geógrafo griego, al que se considera el padre de la historiografía o su famosa obra Ἱστορίαι o *"Historiae"*, considerada una fuente importantísima por los historiadores por ser la primera descripción del mundo antiguo a gran escala y ser a su vez la primera obra escrita en prosa griega.

sus deudos en sepulcros de porcelana fabricados en justa proporción al tamaño de sus futuros ocupantes. Una práctica no menos necesaria que la de inmortalizar los píos rasgos faciales de aquellos que mueren en el Señor, perpetuándolos a través de pinturas y obras de arte para memoria de los vivos. Ciertamente, el elogio después de la muerte es justo tributo a una vida piadosa. Las buenas obras son joyas preciosas, y no deben quedar encerradas en un cofre sino expuestas a la vista de todos. Si Cristo quiso que el nombre de María fuera recordado en el Evangelio hasta el fin de los tiempos por el vaso de ungüento que derramó sobre su cabeza[183] no cabe imaginar que quiera que los muchos actos piadosos y misericordiosos de sus siervos sean enterrados en el olvido. Examinad las Escrituras, y no encontrareis prácticamente un solo caso de un hombre bueno y santo que fuera depositado en su tumba sin un epitafio en su honor. Revisad los escritos de los Padres de la Iglesia y podréis comprobar su costumbre de honrar la muerte de los santos rindiéndoles las alabanzas y honores merecidos por cada uno.

NATHANAEL HARDY [1618-1670]
en un sermón predicado en un funeral, 1649

El hombre íntegro. Los teólogos distinguen entre dos clases de perfección, la *absoluta* y la *comparata,* es decir, entre perfección absoluta y perfección comparada.

En *sentido absoluto*, es *perfecto* aquel a quien no le falta de nada esencialmente bueno. Y en este aspecto, únicamente Dios es *perfectus infactus,* porque él creo todas las cosas, él mismo no fue creado, y disfruta de perfección suficiente en sí mismo, por sí mismo y de sí mismo.

---

[183] Mateo 26:13, Marcos 14:3-7; Juan 12:1-8.

En *sentido comparado,* es *perfecto* aquel a que pese a faltarle o carecer de algo relativo a lo esencialmente bueno, puede decirse que posee plenitud de lo bueno en justa comparación con lo que de lo bueno poseen otros. Y en este aspecto cabe afirmar que todo santo es perfecto en comparación con los impíos entre los que vive. Como se dice de Noé, que *"era un hombre justo, perfecto entre sus contemporáneos"*[184]; pues su nivel de gracia, al compararlo con la maldad de su época, bien justificaba el calificativo de perfecto. En realidad todo hombre íntegro es perfecto si se le compara con otras personas abiertamente malas, o aparentemente buenas; esto es, manchadas por la maldad de manera clara, o de forma disimulada con una capa de burdo barniz de santidad. También puede un santo ser considerado *perfecto* en justa comparación con otro santo; como puede un cristiano ser más fuerte en relación a otro más débil superándole en gracia y piedad: a este tipo de creyentes es a los que se refiere el apóstol Pablo cuando escribe: *"hablamos sabiduría entre los que han alcanzado madurez",* esto es, entre aquellos que han alcanzado un nivel de gracia superior a otros. Se dice de Benaía que *"se destacó más que los treinta valientes"*[185]. A pesar de que ningún santo puede aspirar a las perfecciones de *los tres primeros,*[186] de la Santísima Trinidad, sí que muchos santos pueden aspirar y destacar entre los *treinta perfectos,*[187] al compararse con aquellos con quienes conviven.

---

[184] Génesis 6:9, LBLA.
[185] 2ª Samuel 23:23, NVI.
[186] En el original inglés "the perfections of *the first three",* una expresión habitual en la época para referirse a la Trinidad.
[187] En el original inglés "amongst *thirty perfect"* un modismo utilizado para referirse a la élite, similar al francés *"Crème de la crè-*

Además, es preciso distinguir entre otros dos tipos de perfección, la *extrínseca* y la *intrínseca*.

La perfección *extrínseca*, recibe este nombre porque es imputada; es aquella de la que todo creyente participa a través de la justicia perfecta de Cristo, y por medio de la cual son cubiertas todas sus imperfecciones. El autor de la Epístola a los Hebreos nos dice que Cristo: *"con una sola ofrenda hizo perfectos para siempre a los santificados"*[188], y San Pablo, escribiendo a los Colosenses, afirma que estamos *"completos en él"*, en Cristo.[189] Ciertamente *"Deima mandata tune facta deptutantua, quando id quod non fit ignoscitur"*, "los mandatos divinos quedan cumplidos y la deuda saldada en las cuentas de Dios" cuando nuestros defectos son perdonados por amor a Cristo; de lo que se deduce que la perfección evangélica de un cristiano consiste *"in perfectione virtutum, sed semissions vitiorum"*: "no en la consumación de nuestras virtudes, sino en la remisión de nuestros pecados".

La perfección *intrínseca* recibe este nombre por inhesión,[190] y por tanto no es menos distinguible por vía racional que por vía común, pues hay una *"perfectio partium et gradum"*, una "perfección parcial y gradual". Se llama "perfecto" a *"cui nihil deest eorum quae ad statum salutis necesaria"*, "a quien no carece

---

me" que en español equivaldría a *"La flor y nata"*. La idea es que pese a no poder compararse a las perfecciones divinas, sí puede el creyente esforzarse para ocupar un puesto de honor entre sus iguales, ser parte de una élite de personas justas y buenas que son ejemplo para los demás.

[188] Hebreos 10:14.

[189] Colosenses 2:10.

[190] Si entiende por INHESIÓN la "inherencia o unión inseparable de los accidentes a la sustancia".

de las gracias que acompañan a la salvación pero no las aprovecha"; y también "perfecto" a *"cui nihil deest in gradibus gratiarum et virtum"*, "a quien no plantea defectos en la utilización de estas mismas gracias".[191] Ambos casos se ilustran frecuentemente, y de manera muy apropiada, con el ejemplo de un bebé y una persona adulta: El bebé posee todos los órganos y atributos propios de un adulto pero no los utiliza; el adulto es quien propiamente los usa.

Nathanael Hardy [1618-1670]
en un sermón predicado en un funeral, 1649

El final del tal hombre es paz. La mayoría de gente razonable coincide en la siguiente conclusión: cabalgar dos o tres millas por buen camino y entrar después súbitamente en un tramo de mal camino se hace muy desagradable, y sobre todo si la peor parte de camino es al final del viaje. En cambio, si durante la primera parte del viaje el camino es escabroso pero va mejorando poco a poco, la parte final resulta agradable y el viaje concluye felizmente, la cosa queda mejor compensada. Así pues: *"Observa al íntegro y contempla al recto: porque el final del tal hombre es paz"*. Obsérvalo en su punto de partida y verás que se enfrenta a fuerte oposición; obsérvalo a lo largo de su viaje y lo verás abrumado por las tribulaciones; pero obsérvalo al final, y podrás comprobar que *el final del tal hombre es paz*

Thomas Adams [1583-1653]
"Mystical bedlam, or the world of mad-men", 1615

---

[191] La idea es la comparación entre quien posee las gracias de la salvación pero las tiene inactivas, no las aprovecha, no saca partido de ellas; y quien las tiene y las aprovecha, las utiliza propiamente, saca de ellas todo el partido posible.

El final del tal hombre es paz. ¿Y qué es un final en paz? Concededme la licencia de determinar qué entendemos por un "final en paz" o "acabar nuestros días en paz". Según Eutimio[192] un final en paz es un final en *"pace cogitationis",* de "paz mental", lo contrario a debatirse en la duda. Para Cipriano[193] un final en paz es un final en *"pace securitatis",* en "paz por seguridad", que es todo lo opuesto a la posibilidad de caer en pecado en el último momento. Orígenes[194] afirma que un final en paz es en *"pace conscientiae",* en "paz de conciencia", que es lo contrario al desespero. Ireneo[195] opina que es en

---

[192] Se refiere a EUTIMIO EL GRANDE [377-473], abad de Palestina.

[193] Se refiere a CIPRIANO DE CARTAGO [c.200-258 d.C.], más conocido como SAN CIPRIANO, obispo de Cartago en el Norte de África y uno de los primeros Padres de la Iglesia. Murió mártir. Sus obras han sido publicadas por Editorial CLIE en la colección *Grandes Autores de la Fe Cristiana.*

[194] Se refiere a ORÍGENES [c.185-254] importante teólogo y exegeta de la primitiva Iglesia griega, Padre de la Iglesia y uno de los más destacados apologistas cristianos. Nacido en el seno de una familia cristiana en Alejandría (su padre murió martirizado en el 202), sucedió a Clemente al frente de la escuela cristiana de Alejandría, y la convirtió en un prestigioso centro de teología. Escribió alrededor de 800 obras, la mayoría comentarios sobre la Biblia. Su gran capacidad para el trabajo le valió el sobrenombre de *"adamantius",* "hombre de acero". Sus obras más conocidas son "Contra Celso", refutación de las críticas dirigidas contra el cristianismo por el filósofo Celso; "Tratado de los Principios"; "Sobre la Oración" y "Exhortación al Martirio", todas ellas publicadas por CLIE en español. Se han conservado también algunos fragmentos de su monumental Biblia conocida como Hexapla, que presentaba en varias columnas el texto bíblico hebreo y varias versiones en otras lenguas. En el año 250 fue encarcelado durante las persecución del emperador Decio, fue sometido a tortura durante un año y murió cuatro años después a causa de las lesiones sufridas.

[195] Se refiere a IRENEO DE LYON [c.126-190], uno de los teólogos más importantes de su siglo, nacido en Asia Menor (probable-

"pace mortis", en la "paz de la muerte", lo contrario a la inquietud, afán y esfuerzo. Pero también es bueno acabar nuestros días en *"pace Dei"*, en la "paz de Dios", que sobrepuja todo entendimiento,[196] disipa todos los temores, desasosiegos y aprensiones propias del ser humano ante la muerte; en *"pace proximi"*, en "paz con nuestros semejantes", esto es, careciendo de reclamaciones o improperios que nos sigan hasta la tumba. Y finalmente, un final en paz, es acabar nuestros días en *"pace sui"*, en "paz con nosotros mismos", cuando nuestra mente se siente libre de todas las distracciones y perturbaciones que la molestan.

RICHARD PARRE [C.1592-1644]
"The end of the perfect man"
sermón predicado en el funeral del Muy Honorable
Sir Robert Spencer, Knight Baron Spencer de Wormeleighton,
el 6 de Noviembre de 1627

Considera al íntegro, y mira al justo; porque hay un final dichoso para el hombre de paz. Este versículo puede dividirse en dos partes:
1. La característica del hombre piadoso: *la perfección.*
2. El privilegio del hombre piadoso: *la paz.*

Se nos describen aquí el *carácter* del santo y su *corona:* El santo se caracteriza por la integridad y es coronado por la paz. Encontramos también el *camino* del cristiano

---

mente en Esmirna, a juzgar por su familiaridad con Policarpo, obispo y mártir de la ciudad, y cuya huella es perceptible en su obra). De amplia cultura, su manera de argumentar refleja una formación humanística bastante completa. Se trasladó a las Galias (territorio actualmente de Francia) y se instaló en la Ciudad de Lyon, donde fue obispo hasta su martirio. Sus principales obras de apología, mayormente contra el gnosticismo, han sido publicadas por la Editorial CLIE.

[196] Filipenses 4:7.

y su *final;* su *movimiento* y su *reposo:* Su camino es la santidad y su final la felicidad; su movimiento es hacia la perfección y su reposo es paz al final de su viaje.

JOHN WHITLOCK [1625-1709]
"The Upright Man and his Happy End"
sermón predicado en un funeral en Holm Pierepont,
Nottinghamshire, 1658

Considera al íntegro, y mira al justo; porque hay un final dichoso para el hombre de paz. El tiempo me quedaría corto al contar cómo mueren los cristianos, y se agotaría la pluma del ángel registrador que ha permanecido al pie de su lecho de muerte y los ha transportado al seno de Abraham, si tuviera que narrar los incontables casos de su partida deleitosa de este mundo. Casos reales que certifican la veracidad de lo que la Biblia afirma al respecto. «Jamás hubiera creído –dijo un cristiano en sus últimos momentos– que morir era algo tan delicioso, ni que era posible tener tal visión de los lugares celestiales como la que estoy disfrutando». Justo antes de morir, el memorable reformador Felipe Melancthon[197] musitó mientras dormía las palabras del texto de Lucas que dice: *"Porque os digo que no la comeré más, hasta que se cumpla en el reino de Dios"*[198]. Parecía inquieto, y cuando alguien de los que le rodeaban le preguntó: "¿Deseas alguna cosa más?", replicó

---

[197] Se refiere a PHILIPP MELANCHTON [1497-1560], el amigo y más próximo colaborador de MARTÍN LUTERO [1483-1546] en Wittemberg a partir de 1518, y uno de los principales protagonistas de la Reforma en Alemania. Colaboró con Lutero en la traducción de la Biblia y le sucedió en el liderazgo después de su muerte.
[198] Lucas 22:16.

"Aliud nihil nisi celum", "Nada más, a menos que sea en el cielo".

GARDINER SPRING [1785-1873]
"The Bible not of mar : or, The argument for the divine origin of the Sacred Scriptures, drawn from the Scriptures themselves", 1847

Considera al íntegro, y mira al justo; porque hay para el tal hombre un final en paz. Si deseas bien, asegúrate de vivir bien. No cabe esperar la muerte de Lázaro y vivir como el rico Epulón;[199] o como aquel personaje que menciona Plutarco,[200] que quería vivir como Creso[201], pero quería morir como Sócrates[202.] No, los deseos de Balaam

---

[199] Lucas 16:19-31.
[200] Se refiere a MESTRIO PLUTARCO [46-120 d.C.], historiador y filósofo griego nacido en Beocia durante la época del emperador Claudio. Fue el mayor de los dos sacerdotes de Apolo en el Oráculo de Delfos, donde era el responsable de interpretar los augurios de las pitonisas del oráculo. Fue autor de numerosas obras entre las cuales destacan como las más conocidas las *"Moralia"* un conjunto de escritos morales y costumbristas
[201] Se refiere a CRESO [560-546 a.C.]. Ver nota 173 en este mismo Salmo 37.
[202] Se refiere al filósofo griego SÓCRATES [470-399 a.C.] fundador de la filosofía ática, considerado uno de los maestros tanto de la filosofía occidental como universal. Fue precursor de Platón y Aristóteles, representantes fundamentales de toda la filosofía griega. Su mayor mérito fue crear la mayéutica, método inductivo que le permitía llevar a sus alumnos a la resolución de los problemas que se planteaban, por medio de hábiles preguntas cuya lógica iluminaba el entendimiento. Sócrates pensaba que el conocimiento y el autodominio habrían de permitir restaurar la relación entre el ser humano y la naturaleza. Fue acusado en el 399 a.C. de despreciar a los dioses y corromper la moral de la juventud, alejándola de los principios de la democracia. Murió a los 70 años de edad ese

son necios e inútiles.[203] Cristiano, si quieres morir bien, has de cuidarte de vivir bien: *"qualis vita, finis vita"*, "tal la vida, tal la muerte". Si quieres morir sosegado, has de vivir en rectitud; si quieres morir confortablemente vive conformemente; si quieres morir feliz vive en santidad. *"Considera al íntegro, y mira al justo; porque hay para el tal hombre un final en paz"*.

JOHN KITCHEN

Vers. 38. ***Mas los transgresores serán todos a una destruidos; la posteridad de los impíos será extinguida.***
[Mas los transgresores serán todos a una destruidos; la posteridad de los impíos será extinguida. RVR77] [Pero todos los pecadores serán destruidos; el porvenir de los malvados será el exterminio. NVI] [Pero los transgresores serán destruidos a una; la posteridad de los impíos será exterminada. LBLA]

Mas los transgresores serán todos a una destruidos. ¡Todos a una! A todos aquellos que han participado en una rebelión colectiva les aguarda una destrucción colectiva.

La posteridad de los impíos será extinguida. Su tiempo será acortado, su felicidad interrumpida súbitamente, sus esperanzas hechas pedazos para siempre, y su ejecución acelerada. Su presente se acorta por causa de sus pecados; no alcanzarán a vivir la mitad de su

---

mismo año aceptando serenamente la condena y eligiendo ingerir veneno (cicuta), entre los métodos que el tribunal que lo juzgó le ofrecía para morir.
[203] Números, capítulos del 22 al 24.

existencia. Carecen de un futuro que merezca la pena; mientras que en el caso de los rectos, su futuro es su verdadera herencia.

C. H. Spurgeon

Mas los transgresores serán todos a una destruidos; la posteridad de los impíos será extinguida. Los impíos transcurren fácilmente por este mundo sin enfrentar mayores dificultades, al contrario, a menudo entre aclamaciones y aplausos mientras ascienden por las gradas doradas de sus honores y créditos. Pero cuando llegan a lo más alto, al último peldaño de la escalera, se encuentran con un rellano resbaladizo; y cuando alcanzan la cumbre de éxito y felicidad terrenal, emprenden de inmediato un irremediable descenso hacia la perdición. Mientras permanecen aquí en la tierra cabalgan en sillas reales y galopan ligeros por campos llanos, verdes y hermosos, repletos de placeres; pero al final de su carrera, hombre y caballo caen derribados en una espectacular voltereta y son arrojados de cabeza al foso de destrucción. Se deslizan con facilidad sobre las aguas del mar de este mundo, navegando a toda vela con aparente calma y con sus bodegas atiborradas de riquezas; pero mientras su sol sigue todavía brillando con intensidad, y cuando menos sospechan, repentinamente y sin remedio, se hunden en el abismo de las tinieblas y la desesperación.

Robert Bolton [1572-1631]
"A Discourse about the State of True Happiness,
delivered in certain Sermons in Oxford, and at Paul's Cross.
London", 1625

ת [Tau]
Vers. 39. *Pero la salvación de los justos es de Jehová, y él es su fortaleza en el tiempo de la angustia*. *[La salvación de los justos viene de Jehová, y él es su refugio en el tiempo de la angustia.* RVR77] *[La salvación de los justos viene del Señor; él es su fortaleza en tiempos de angustia.* NVI] *[Mas la salvación de los justos viene del Señor; él es su fortaleza en el tiempo de la angustia.* LBLA]

Pero la salvación de los justos es de Jehová. Sana y sabia doctrina es esta. El meollo, el tuétano, la esencia del evangelio es la libre gracia.[204] Por *"la salvación"* entendemos una liberación completa; no sólo la salvación en sentido estricto, el rescate que nos conduce a la gloria,

---

[204] La doctrina de la Libre Gracia o Gracia Soberana forma parte de la teología calvinista en oposición al libre albedrío. Se vincula a los escritos del apóstol Pablo y tiene sus raíces en el pensamiento de Agustín, quien frente a Pelagio mantuvo que toda la raza humana yace bajo el poder del pecado, porque cuando Adán cayó, toda su posteridad cayó con él, de modo que nadie tiene la capacidad de responder a Dios por propia voluntad. El calvinismo enfatiza la depravación de la naturaleza moral humana, que la hunde en la esclavitud y muerte del pecado (Efesios 2:1), de modo que no es libre ni tiene capacidad para responder al llamamiento a la salvación. De ahí la necesidad de la gracia soberana e irresistible de Dios, que es anterior a cualquier actividad del pecador en orden a su salvación. La Biblia (Romanos 3:10-12) enseña que las personas son completamente incapaces de seguir a Dios o escapar de la condenación delante de Él y que solamente por intervención divina drástica, que ofrece la salvación con un don ganado por Cristo en la cruz, de la que el pecador se apropia mediante la fe (Efesios 2:8). Inhabitado por el Espíritu Santo, el creyente se convierte en una "nueva criatura en Cristo Jesús", capaz de realizar las buenas obras que Dios espera de él.

sino también todos los rescates secundarios que se den a lo largo del camino. Todos ellos deben ser adscritos al Señor, y únicamente a él, para que reciba toda la gloria de parte de aquellos a quienes concede salvación.

Él es su fortaleza en el tiempo de la angustia. Si bien la angustia derrumba fácilmente a los impíos, en el caso de los justos actúa en sentido inverso: les acerca a su poderoso Ayudador, quien se complace y regocija en sostenerles.

C. H. SPURGEON

Vers. 40. *Jehová los ayudará y los librará; los libertará de los impíos, y los salvará, por cuanto en él esperaron.* [*Jehová les ayudará y los librará; los libertará de los impíos, y los salvará, por cuanto en él esperaron.* RVR77] [*El Señor los ayuda y los libra; los libra de los malvados y los salva, porque en él ponen su confianza.* NVI] [*El Señor los ayuda y los libra; los libra de los impíos y los salva, porque en él se refugian.* LBLA]

Jehová los ayudará y los librará. En adelante Jehová saldrá en defensa de sus escogidos. Nuestro gran Aliado acudirá con todas sus huestes en lo más candente de la batalla.

Los libertará de los impíos. Como rescató a Daniel de los leones,[205] así preservará también a sus amados de las garras de sus enemigos; por tanto, no tienen motivo alguno para inquietarse ni descorazonarse.

---

[205] Daniel 6:1-28.

Y los salvará, por cuanto en él esperaron.[206] La fe garantiza la seguridad de los elegidos. Es la marca de las ovejas que las separará de las cabras. No son sus méritos, sino su fe lo que las distingue. ¿Quién no desea intentar andar por fe? Quien de veras crea en Dios dejará de inquietarse por los aparentes desequilibrios e irregularidades de esta vida presente. Descansará confiado respecto a las cosas que en el momento actual se le hacen incompresibles y misteriosas, pero que no dejan por ello de ser justas. Y aceptará sumiso aquello que ahora le parece duro y arbitrario, pero que sin duda está ordenado en misericordia justamente. Por tanto, el salmo concluye con una frase de esperanza. Una frase que sirve de marcha fúnebre, de "Toque de difuntos" a otra frase, la declaración de inquietud y preocupación con la que el salmo comienza: "¡No te inquietes por causa de los malignos (…) *porque el Señor salvará a cuantos en él esperaron!"* Felices todos aquellos que pueden entonar esta canción.

C. H. Spurgeon

Jehová los ayudará y los librará; los libertará de los impíos, y los salvará, por cuanto en él esperaron. ¡Los ayudará! ¡Los librará! ¡Los salvará! (…) !Los, los, los! ¡Oh, la retórica divina! !Qué seguridad tan absoluta la de los santos! ¡Cuánta certidumbre hay en las promesas de Dios!

John Trapp [1601-1669]
"A commentary or exposition upon the books of Ezra, Nehemiah, Esther, Job and Psalms", 1657

---

[206] Dice Casiodoro [485-583] «Fijémonos bien en la razón por la cual dice el salmista que el Señor los ayudará y los librará: *"Porque esperaron en él"*. No porque no hayan pecado, sino porque han puesto en el amor sin límites del Señor toda su esperanza».

Jehová los ayudará y los librará; los libertará de los impíos, y los salvará, por cuanto en él esperaron. Lutero termina su *exposición de este salmo* con las siguientes palabras: «¡Vergüenza debería darnos nuestra falta de fe, nuestra desconfianza y nuestra deshonrosa incredulidad! Que nos lleva a desconfiar de unas declaraciones tan ricas, poderosas y consoladoras de Dios; cuando damos crédito por otro lado a cualquier cosa que escuchamos en los discursos y razonamientos malignos de los impíos. ¡Ayúdanos, oh Dios, para que cuanto antes y de una vez por todas podamos alcanzar la fe verdadera! Amén».

C. H. S<small>PURGEON</small>

COLECCIÓN LOS SALMOS

Salmo 19
La Creación. Salmo de la creación

Salmo 23
Salmo del pastor

Salmo 27
La Confianza. Confianza triunfante y suplicante

Salmo 32
El Perdón. Salmo Paulino

Salmo 37
La Impaciencia. Antídoto contra la impaciencia

Salmo 84
La Alabanza. La perla de los Salmos

Salmo 90
El Tiempo. De generación en generación

Printed by Libri Plureos GmbH in Hamburg, Germany